MASTERS METHOD

二遊間の極意

コンビプレー・併殺の技&他選手・攻撃との関係性

立浪和義 著

廣済堂出版

二遊間の極意

はじめに

近年、プロ野球界では「打」の圧倒的な力がクローズアップされている。２０１３年のウラディミール・バレンティン選手（東京ヤクルトスワローズ）の60本という年間ホームラン新記録、15年の柳田悠岐《やなぎたゆうき》選手（福岡ソフトバンクホークス）、山田哲人《てつと》選手（東京ヤクルト）の「トリプルスリー」（打率3割、30本塁打、30盗塁）達成や、秋山翔吾《しょうご》選手（埼玉西武ライオンズ）の２１６本というシーズン最多安打記録の更新が話題となった。16年に入っても、セ・パともに打率3割を超える打者が目白押しで、本塁打も量産。数年前の「飛ばない」統一球導入時に起きた打撃各部門の数字の低迷から、様相が一気に変わってきている。

しかし、各球団の数字を見ていくと、あることに気づく。リーグ最少失策数の球団が優勝、もしくは上位になっているという事実だ。15年は、リーグ最少のソフトバンク（68）、ヤクルト（71）が、いずれも優勝。14年も、セ・リーグ最少の読売ジャイアンツ（71）は優勝、パ・リーグ最少のオリックス・バファローズ（63）は2位。13年はリーグ最少の巨人（62）、東北楽天ゴールデンイーグルス（62）が、ともに優勝。

「守れなければ勝てない」

昔から言われている野球の定石《じょうせき》だ。最近では野球を数値化して多角的に分析する「セイバーメトリクス」の研究が進んでいるので、失策数を守備力に直結させるのは、ややオールドスタイルなのかもしれない。ただ、実際には、失策数の少なさはチームの強さを示していると言っても過言ではない。守りがあってこその攻撃。失策が少なければ失点が減り、それに連動し、負ける可能性も低くなっていく。

では、守りのカギを握るのは、どこのポジションか――。

私は、やはりセンターラインだと考えている。こちらも非常にオーソドックスな見方だが、改めて強調しておきたい。「ピッチャー、キャッチャー、セカンド、ショート、センターが安定しているチームは強い」。プロ野球の歴史を振り返れば、うなずける言葉だろう。

とくに、内野手出身の私が気になるのは二遊間だ。現役時代は、指導者やチームメイトにも恵まれ、ショートで1回、セカンドで3回、サードで1回のゴールデングラブ賞をいただいた。やはり二遊間が不安定では、優勝することはできない。打球の対応に加えて、ダブルプレー、サインプレー、カバーリング、カットプレーと、二遊間の仕事は多岐《たき》にわたる。

「二遊間を制するものは、試合を制す」

と書くと、オーバーだろうか。もちろん、チームにはピッチャー、キャッチャー、センターや、他野手の力も必要だ。しかし、セカンドとショートは、打球や中継のボールなどをさばく回数が多く、そうした守備機会で確実にアウトにできる二遊間がいてこそ、勝利に近づく。

本書は、『攻撃的守備の極意』『長打力を高める極意』（いずれも、廣済堂出版刊）に続く、野球の「極意」をつづった第3弾となる。タイトルはズバリ、『二遊間の極意』だ。世に守備全般に関する本は数多く出ているが、二遊間コンビのプロフェッショナルな技術にしぼってここまで考察・分析した本は、かつてないだろう。セカンドとショートの両方を経験してきた私だからこそ感じた技術論や思考をまじえ、二遊間論を展開していきたい。

まず前半では、二遊間の守備の基本に触れながら、セカンドとショートそれぞれの特性・技について詳しく解説する。後半では二遊間のコンビプレーの象徴とも言えるダブルプレーを考察。ベースの入り方のコツや、ダブルプレーを決めるための極意に迫った。他ポジションと二遊間の連係のポイント、打撃・走塁面でも生かせる技術や考え方なども網羅。プロアマ問わず、二遊間プレーヤーほか全ポジションの選手が参考になる内容を詰め込んだ。

さらに、スペシャル3大対談として、菊池涼介《りょうすけ》選手（広島東洋カープ）、今宮健太選手（福岡ソフトバンク）のゴールデングラブ賞常連コンビと、中日ドラゴンズで約15年、現役生活をともにした井端弘和《いばたひろかず》現読売ジャイアンツ守備・走塁コーチに協力してもらった。

セカンドの菊池選手、ショートの今宮選手ともに、現在、両ポジションにおける、日本で最高峰のプレーヤーという評価に異論はないだろう。それぞれのポジションの立場から二遊間守備に関するこだわりをたっぷりと聞いた。そして、現役時代に長期にわたってゴールデングラブ賞を獲得し続けた井端コーチとは、ともに二遊間双方を長くこなしてきたこともあり、本書のまとめとしての「二遊間総括対談」をさせてもらった。彼と私は現役時代に、二遊間のほか三遊間を組むこともあり、身近でプレーしてきた。「グラブを下に置いたまま、打球を待てる」。これこそ、彼ならではの特筆すべき技術だ。私が『攻撃的守備の極意』でこれを解説したところ、すぐに参考にしてくれた中学生の読者がいたと聞き、うれしくなった。若い方々には一流選手の技をどんどん吸収し、自分のものにしてほしい。

「守備の名手」3人との対談では、私のほうも勉強になった。現役時代に知っておけば、守備がもう少しうまくなっていたかもしれない……。冗談ではなく、本気でそう感じたほどだ。

このように本書は、アマチュア野球や少年野球の選手にとっては「読んでうまくなる」、ファンにとっては「野球観戦をより深く楽しめる」ためのポイントをいくつも紹介した一冊となっている。読み終えたあとに、二遊間の奥深さを改めて感じてもらえるとありがたい。

なお、これまでのシリーズと同様に、すでに引退している元選手、元投手についても、エピソードの多くは現役時代のものであることから、「選手」「投手」という表記にさせていただいていることをご了承願いたい。

立浪和義

特別対談 Part I

第3章

二遊間「各論」：遊撃手を極める……79

特別対談 Part Ⅱ

今宮健太×立浪和義 「ショート目線」のプロフェッショナル二遊間論……95

第4章 ダブルプレーの鉄則―ケース別完全対応―……119

第5章 至高の「二遊間コンビ」名鑑──タイプ研究！プロの技に学ぶ──

第6章 他ポジションとの連係＆攻撃との関係性

特別対談 Part Ⅲ

井端弘和×立浪和義 「達人同士」の二遊間総括論&「ベスト二遊間」選定

第1章 「立浪流」二遊間の極意

フェアグラウンドの中心を守る二遊間

センターラインに、直接的な関わりを持つセカンドとショートは、90度に広がるフェアグラウンドの、まさに「中心」に位置している。ゴロに対して、一、二塁間と三遊間の深いところまで守備範囲だと考えると、セカンドとショートの2人に任されたゾーンはおよそ70度。フライまで含めると、ファウルゾーンまで追いかけることもあるので、実質90度以上のエリアを守っていることになる。

これだけ広い範囲を守るとなれば、彼らの守備力がチームの順位に関連してくるのは当然のことと言えるだろう。福岡ソフトバンクホークスのここ数年の圧倒的なチーム力は、攻撃だけでなく、守備のレベルの高さも要因だ。二遊間が安定しているチームは強い。

まず、第1章では、この二遊間の重要性や、その極意の基本的概要を説きながら、セカンドとショート両ポジションの入門的な特徴や、名手に共通する技を紹介していきたい。

「二遊間に求められる守備力とは、なにか?」『セカンドとショート、どちらが難しいのか?』といったことに関して考察を進めていくとして、みなさんは「キーストンコンビ」という言葉を聞いたことがあるだろうか? 「キーストン(キーストーン)」とは、もともとは建築用語で、アーチの頂上にある「要石《かなめいし》」のこと。野球で言えば、ダイヤモンドの頂点にある二塁ベースをはさむ、セカンドとショートを「キーストンコンビ」と称する。「扇《おうぎ》の要《かなめ》＝キャッチャー」という表現をよくされるが、「ダイヤモンドの要＝二遊間」というとらえ方もそのとおり。この両方の要がしっかりとしていなければ、扇もダイヤモンドも崩《くず》れ、勝利が遠ざかってしまう。

私が若いころは、セカンドとショートにはバリバリのレギュラー1人が定着していたイメージが強い。おこがましいが、私自身もある程度の期間、そのタイプだったかもしれない。だが、最近は複数の選手が守ることも多くなってきている。

しかし、本来であれば、固定されたコンビが理想と言える。なぜなら、二遊間にはいくつものコンビプレーが存在し、中には難易度の高いものもあるからだ。「息が合ったコンビプレー」と形容されるとおり、コンビには息やリズム、そして相性がある。

代表的なのがダブルプレーを取るための動きだ。6－4－3、4－6－3、5－4－3、1－6－3、2－6－3など、二塁ベースがからむダブルプレーにはセカンドとショートのどちらかが必ず関わってくる。ショートからセカンドへの送球は、ショートの選手がかわることによって、送球の質やボールを放すタイミングが異なってくる。これだけで、セカンドからファーストへの送球が遅れてしまうことがあるのだ。

二遊間選手として、コンビの息を合わせながら、数々のダブルプレーを決めてきた著者。

足が速い左バッターで3秒台後半、右バッターでもその多くは4秒台前半で駆け抜ける。守備動作のコンマ1秒の遅れが、打者走者を生かしてしまう。よく目にする光景が、取れるはずのダブルプレーを取れなかったときの失点。無死一塁から二死無走者になるところが、一死で打者走者が一塁に残る。ピッチャーからすれば、「ダブルプレーを取れただろう……」。経験上、そのあとに打たれるケースが多い。選手がかわれば、その都度、コンビ間の息を合わせていかなければいけない。

これは、ポジショニングに関しても言えることで、互いの距離感に気を配りながら、守る位置を修正する。ランナーが一塁にいれば、二塁ベースに入れる距離に守るのが鉄則だ。また、二盗を仕掛けられた場合はどちらがベースカバーに入るのか、1球1球確認する必要がある。コンビを組んだ経験が多ければ多いほど、このあたりの呼吸は合いやすい。

近年の二遊間と言えば、中日ドラゴンズの「アライバ」コンビ・荒木雅博選手と井端弘和《いばたひろかず》選手（現読売ジャイアンツ内野守備・走塁コーチ）が思い出されるが、彼らはまさに「あうんの呼吸」。中日は2002年から12年までAクラスだったが、強固な投手陣に加えて、谷繁元信《たにしげもとのぶ》捕手（現中日監督）、アライバと、センターラインが固定されていたことが1つの要因だろう。なお04年のドラゴンズはチーム失策数45という、リーグ最少記録を更新した。チームは日本シリーズ進出。やはり、守れるチームは強い。

では、歴代プロ野球の年間チーム最少失策数はどのぐらいか想像がつくだろうか。答えは、たったの38失策。1991年に西武ライオンズが記録している。辻発彦《つじはつひこ》さん（現中日二軍野手総合兼内野守備コーチ）と田辺徳雄《のりお》さん（現埼玉西武ライオンズ監督）が二遊間を組み、ショートの守備固めには奈良原浩《ならはらひろし》さん（現埼玉西武守備・走塁コーチ）が入ることもあった。当時はライオンズの黄金時代。投打の安定感が際立っていた最強チームだった。

失策のネタをもう1つ。15年の失策数がいちばん少ない球団が福岡ソフトバンクであることは「はじめに」で記したが、二遊間だけの失策数に限定すると、どのチームが最少か？　実はここでも福岡ソフトバンク。セカンドは明石健志《あかしけんじ》選手、本多雄一選手、川島慶三選手、高田知季《たかたともき》選手、金子圭輔選手と計5人が守る中で、失策はわずかに6個、そして今宮健太選手が中心となったショートは13個。ピッチャーが打ち取った打球を、内野陣が確実にアウトにしていたことがわかる。

二遊間守備位置の変遷《へんせん》と、それぞれに求められるプレーの違い

「二遊間」とひとくくりに語っているが、セカンドとショートには求められる役割に違いがある。まずは、ポジションが生まれた歴史そのものに大きな特徴があるのだ。

ポジションが生まれた由来は諸説あるが、アメリカで野球の黎明期《れいめいき》の1840年代に、ファースト＝一塁、セカンド＝二塁、サード＝三塁と、それぞれがベースの上を守り、ショートはピッチャーの横、あるいは二塁ベースのとのあいだ寄りにいたという話もある。短い距離を守るという意味で、「short stop」と名づけられたとされる。そこから、試合をしていく中で、ショートは二塁ベースと三塁ベースのあいだへ、セカンドは一塁ベース・二塁ベース間へ移っていき、現在も続く「定位置」ができあがったわけだ。ショートの日本での呼び方は、「遊撃手」。戦列の中で待機したり動き回ったりする「遊軍」「遊撃隊」のような存在というのが由来らしい。「遊」という漢字からは、「遊ぶように動く」とも読み取れる。まさに、守備範囲が広いショートの性質をよくあらわしている。

私は中学生のときに、ピッチャーからショートに転向し、ここからショートひと筋でプレーしていた。プロ入り後は、1年目の88年からショートのスタメンで起用してもらい、ゴールデングラブ賞を獲得。しかし、1年目のシーズン中に右肩を痛めてしまったことが、のちのセカンドコンバートにつながった。高卒新人となれば、一般的にはファームで体を鍛え、プロで戦えるための体力をつけていく。それが、私の場合はキャンプから一軍帯同だったため、鍛える間《ま》もなく、厳しい一軍で必死にプレーを続けた。2年目は治療に専念し、3年目以降はなんとかだましだまし、プレーをしていたが、プロのショートはそんな

二遊間など内野守備位置の過去と現在

1840年代

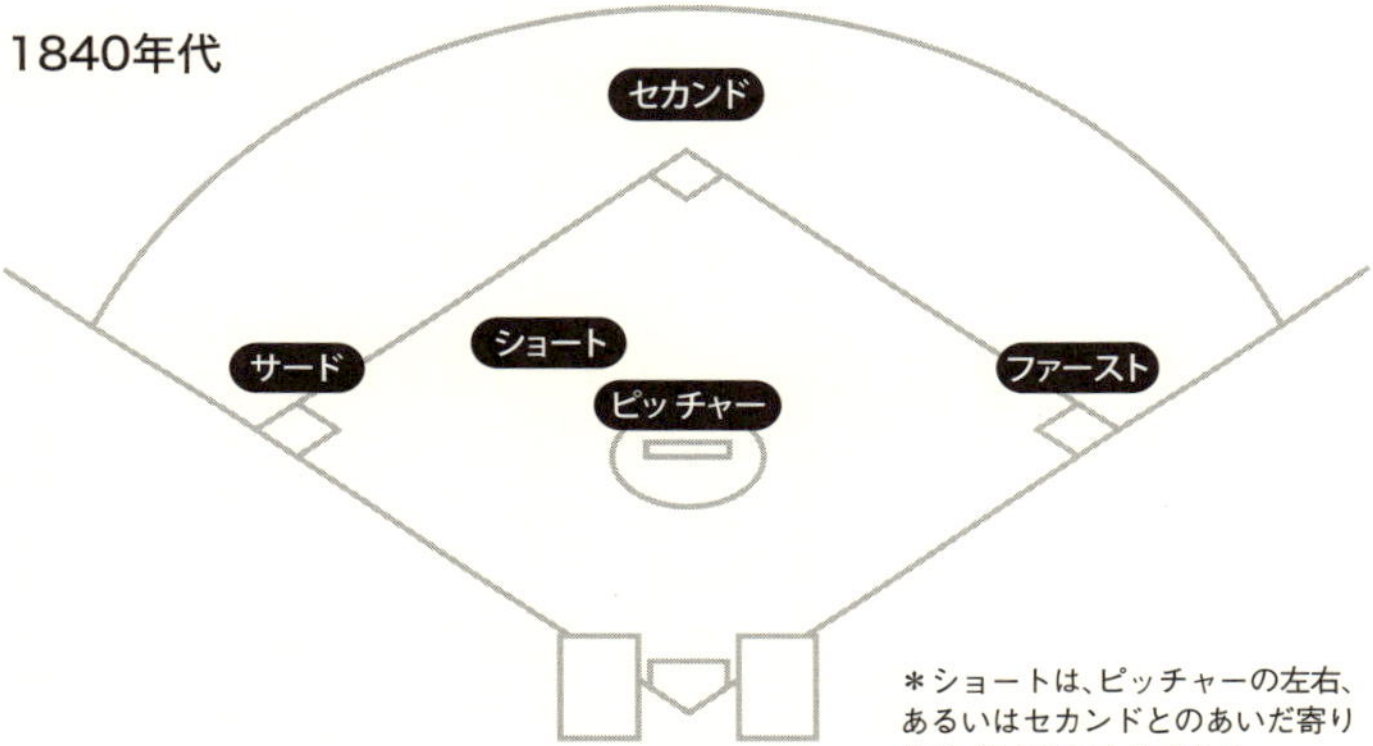

＊ショートは、ピッチャーの左右、あるいはセカンドとのあいだ寄りなど、近くにいたとされる。

現代

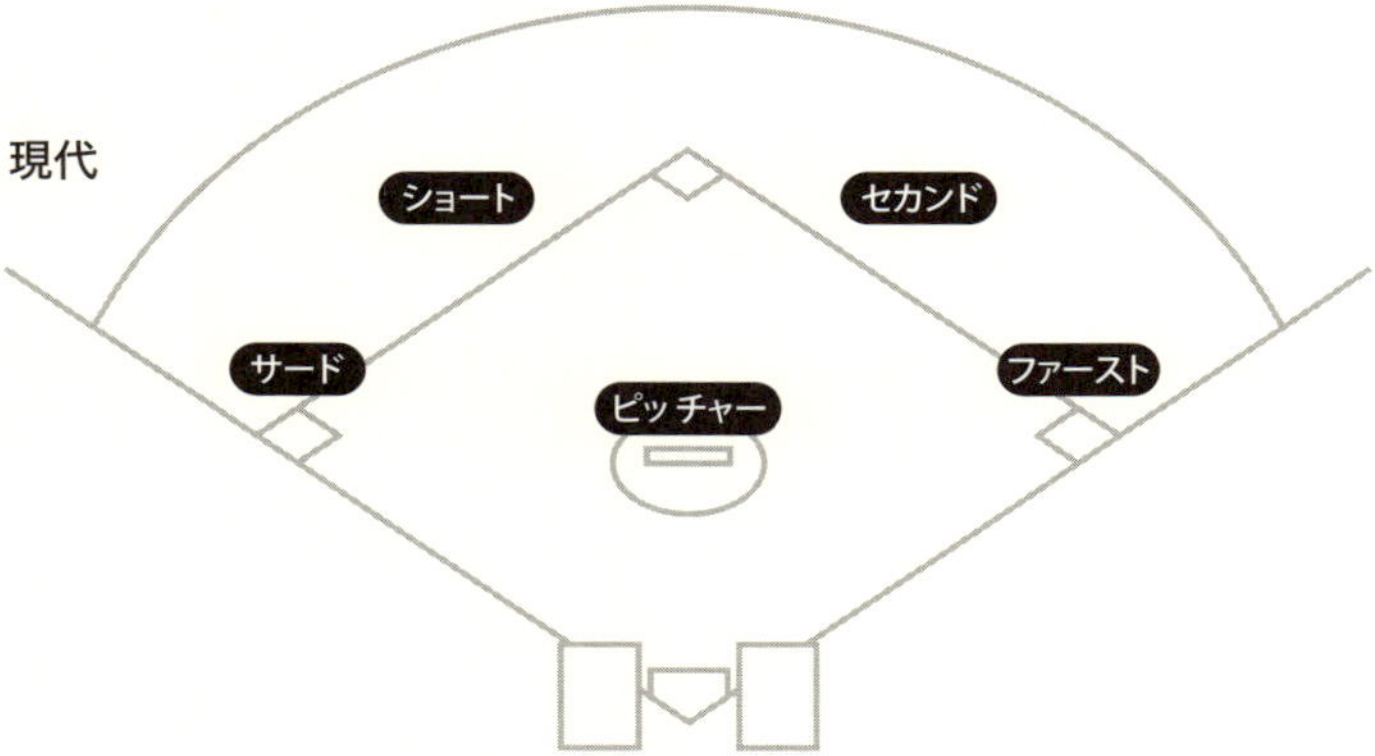

各ベースをカバーしていた黎明期《れいめいき》から、スペースを作らないポジションへと進化している。

に甘くはない。92年、当時の高木守道《もりみち》監督にお願いして、セカンドに移ることになった。ショートとセカンドを比べたとき、どちらかと言えばショートのほうが華やかなイメージがあるのではないか。三遊間の深いところを逆シングルで捕球し、一塁まで大遠投。これこそショートの見せ場だろう。メジャーリーグでは、「こんな深いところから刺すのか！」と思うようなビッグプレーがしばしば生まれる。

かつては、「ショート、セカンドは守れればいい」という考えもあったように思う。これを覆《くつがえ》した1人が、ヤクルトスワローズの主砲・池山隆寛《たかひろ》選手（現東北楽天ゴールデンイーグルス打撃コーチ）だろう。88年から、5年連続30本塁打以上を記録。88年は私のデビュー年だっただけに、そこからの活躍は強く印象に残っている。「勝つには、打てるショートが必要」と、ショートに対する見方が変わってきた。

そして、セカンドにもロバート・ローズ選手（元横浜ベイスターズ）、井口資仁《ただひと》選手（現千葉ロッテマリーンズ）ら、打力のあるプレーヤーが登場。15年は、東京ヤクルトスワローズのセカンドを守る山田哲人《てつと》選手が、3割2分9厘、38本塁打、34盗塁という記録を残し、「トリプルスリー」を達成。守りだけでなく、攻守のバランスが求められるようになっている。それと、右投げ左打ちが増えたこと、強く引っ張れる左の強打者が増えたことで、セカンド守備の重要性が高まってきた。

私はセカンドに回ったとき、「簡単にできるだろう」と思っていた。ショートのほうが守備範囲が広く、一塁までの距離が遠い。「捕るのも投げるのも大変なショートに比べれば、セカンドは守れるだろう。肩が弱くても、務まるはず」と、楽観視していた。

しかし、だ。私の見立ては甘すぎた。セカンドにはショートにない動きが多く、その大変さを痛感したのだ。

いちばん戸惑ったのは、逆回りの動きだ。ショートは4－6－3の動きのときに、進行方向に向かったままファーストに投げることができる。捕ったままの体の向きで、プレーを続けられるのだ。これが6－4－3になると、セカンドは自分の左肩越し、あるいはショートが捕った角度によっては背中側にいるファーストに投げなければならず、捕球時と送球時で、体の向きを変えなければならない。さらに、一塁ランナーのスライディングによって、つぶされる恐怖心もある。ショートにはない怖《こわ》さがあったのだ。

また、余裕を持ってステップする時間もないため、ダブルプレーを取るには地肩の強さが要求されることも体感した。右中間を破る長打に対し、9（8）－4－5、あるいは9（8）－4－2のカットプレーが起こりうる。セカンドの肩が弱ければ、失点につながる。

そして、内野手の中では、バックアップに走る機会がいちばん多い。サードゴロ、ショートゴロのときは、ファーストの後ろまで全力で走る。ピッチャーゴロ、キャッチャーゴロでも、だ。振り逃げのときにも、2－3の延長線上に走り込まなければいけない。無意識の中で動けるように、キャンプのときから繰り返し、練習した覚えがある。

「後ろもあり」のセカンドと、「斜め45度」のショート

セカンドとショートでは、守備範囲に対する、考え方にも違いがある。

ショートは斜め前に出る意識が必要で、斜め後ろに下がったら、捕球できても内野安打になる可能性が高い。だから、一歩目から前へ。イメージは斜め45度に切り込む。理想は、常に走路の前でゴロをさばくことだ。

本シリーズ1冊目の『攻撃的守備の極意』で対談した、PL学園高校の1つ後輩・宮本慎也選手（元東京ヤクルト）は、「ショートの立浪さんは、ランナーの走路よりも前でゴロを捕っていた」と言っていた。これは、素直にうれしい言葉だった。おそらく、一歩目を重視した結果が、そうなっていたのだろう。

どのポジションにも共通しているが、とりわけ一塁まで距離があるショートで重要なのは、「一歩目」。経験上、スタートが遅れてしまうとバウンドを合わせづらくなる。気持ちの面でも動きの面でも、後手後手に回り、打球に対して攻めていくことができなくなるのだ。

一歩目のコツは、「動から動」で合わせること。ピッチャーのモーションに合わせて足を動かし、歩きのリズムの中で、バッターのインパクトを迎える。ジッとその場に止まっていては、「静から動」になり、反応が遅れる。人間はなにをするにしても、「動」の予備動作があったほうが、スムーズに動ける。構えの重心にも気を配った。昔は「低い姿勢で」と言われたが、低すぎると一歩目を出しづらい。イメージとしては、テニスのサーブを待つ姿勢に近い。どの方向にも動けるように、準備をしていた。

二遊間は、キャッチャーのサインを自らの目で見られるという特権もある。ファースト、サードでは、角度的に見えづらい。サインがわかれば、あらかじめどのコースになにを投げるのかがわかるので、打球に対する準備ができる。ストレートに差し込まれるのか、変化球に泳ぐのか……。極端にポジショニングを変えることはなかったが、打球を想定するだけで、一歩目の反応は違ってくる。

一方、セカンドの守備範囲はというと、極端に言えば、「捕ればアウト」。一塁までの距離が近いため、捕ってしまえば、なんとかなる。だから、斜め後ろにスタートを切ってもいい。とくに、一、二塁間を抜けそうなゴロに対しては、下がってでも捕る。菊池涼介《りょうすけ》選手（広島東洋カープ）はもともとの守備位置が深いこともあるが、ライト前のゴロでもアウトにするぐらいの広い守備範囲を持っている。あれだけ、足が動くのであれば、「ショート・菊池」も見てみたい気がする。

私は、二遊間を両方経験できたことで、野球の見方が広がった。ショートしかやっていなかったら、「セカンドはショートよりラクなポジション」という大変恥ずかしい考えを持ち続けていただろう。セカンドを経験したことにより、「二遊間のどちらが難しいのか?」と問われて、「ショート」と簡単には答えられなくなった。本書を出せるのも、ショートだけでなく、セカンドの難しさを知れたからだ。

二遊間守備の基本は、足を使ったフットワーク

では、二遊間の名手に共通している技術はなにか。両者の求められる役割は違っても、センターラインを担う内野手として大切にすべきことは同じ。「足を使って捕り、足を使って投げる」という動きができていることだ。

よく、「基本を大事に」という言葉を耳にするが、私が考える二遊間守備の基本はここにある。拙著『攻撃的守備の極意』の「攻撃的」の1つは、このこと。足で攻める。受け身のイメージが強い守備であるが、自ら足を動かし、フットワークを使えるようになれば、攻めの守備ができるようになる。

近年はメジャーリーグが身近になったこともあるのか、逆シングルで捕ることも重要視されるようになってきた。三遊間深いところの打球に対して、わざわざ正面に入らずに、逆シングルでノーステップスロー。当然、ギリギリのプレーならば、必要になってくるだろう。

それでも、私が感じるのは、「逆シングルはいつでもできる。若いうちは、足を使って捕るクセをつけることが大事」ということだ。どんなに強肩の選手であっても、年齢とともに肩は必ず衰えていく。「必ず」である。若いときは無理な体勢からのノーステップでアウトにできていても、ベテランになると、それが難しくなるのだ。

そして、足も衰えていく。しかし、衰えるスピードを遅らせることはできる。日々の練習から下半身を意識して鍛え、足を使って捕り、足を使って投げる。この基本を積み重ねていくことこそ、セカンド、ショートなどの内野手として、長く活躍するための策だ。肩が衰えたとしても、足の動きでカバーすることは十分に可能。決して、逆シングルを否定しているわけではない。ただ、プロは5年、10年、15年と長く活躍してこそ、一流選手。足を使っている選手とそうでない選手では、先を見たときに差が出るのではないだろうか。

現役ならば、東北楽天の藤田一也《かずや》選手や北海道日本ハムファイターズの中島卓也《なかしまたくや》選手が、足を使った堅実なプレーを見せている。派手さはないが、確実にアウトを重ねる。投手も首脳陣も、見ていて安心するタイプだ。プロのレギュラーならば、「あそこに飛んだらアウトだな」と相手に思わせるぐらいの守備の安定感がなければいけない。「フットワーク」とは、スポーツや格闘技などにおける足さばきを意味する言葉だが、一歩深く考えれば、足(フット)が動かなければ、仕事(ワーク)はできない。野球の守備でも、大事なキーワードだ。

面白いのが、肩がそこまで強くない選手、またそういう自覚のある選手ほど、足を使う意識が強いこと。肩が強い選手になるほど、肩でカバーしようとする。

このあとの対談に登場してくれている今宮健太選手は、球界を代表する強肩内野手の1人だが、それゆえに、まだ肩で投げる意識が強い。本人も気がついているようで、足を使って投げる練習を重ねているところだという。今後、彼のプレーがどう進化していくのか、注目していきたい。

股《また》を割ってグラブを下げる、名手の捕球姿勢

「名手」と呼ばれる内野手は、股《また》をしっかり割った捕球の準備姿勢ができている。股関節《こかんせつ》を深く曲げて、股を割り、手を前に出せば自然に懐《ふところ》が広くなる。この懐があるからこそ、イレギュラーに対応できるのだ。何度も名前が出てくるが、宮本慎也選手や、「アライバ」コンビの荒木雅博選手、井端弘和選手はお手本とも呼べる姿勢を作っている。

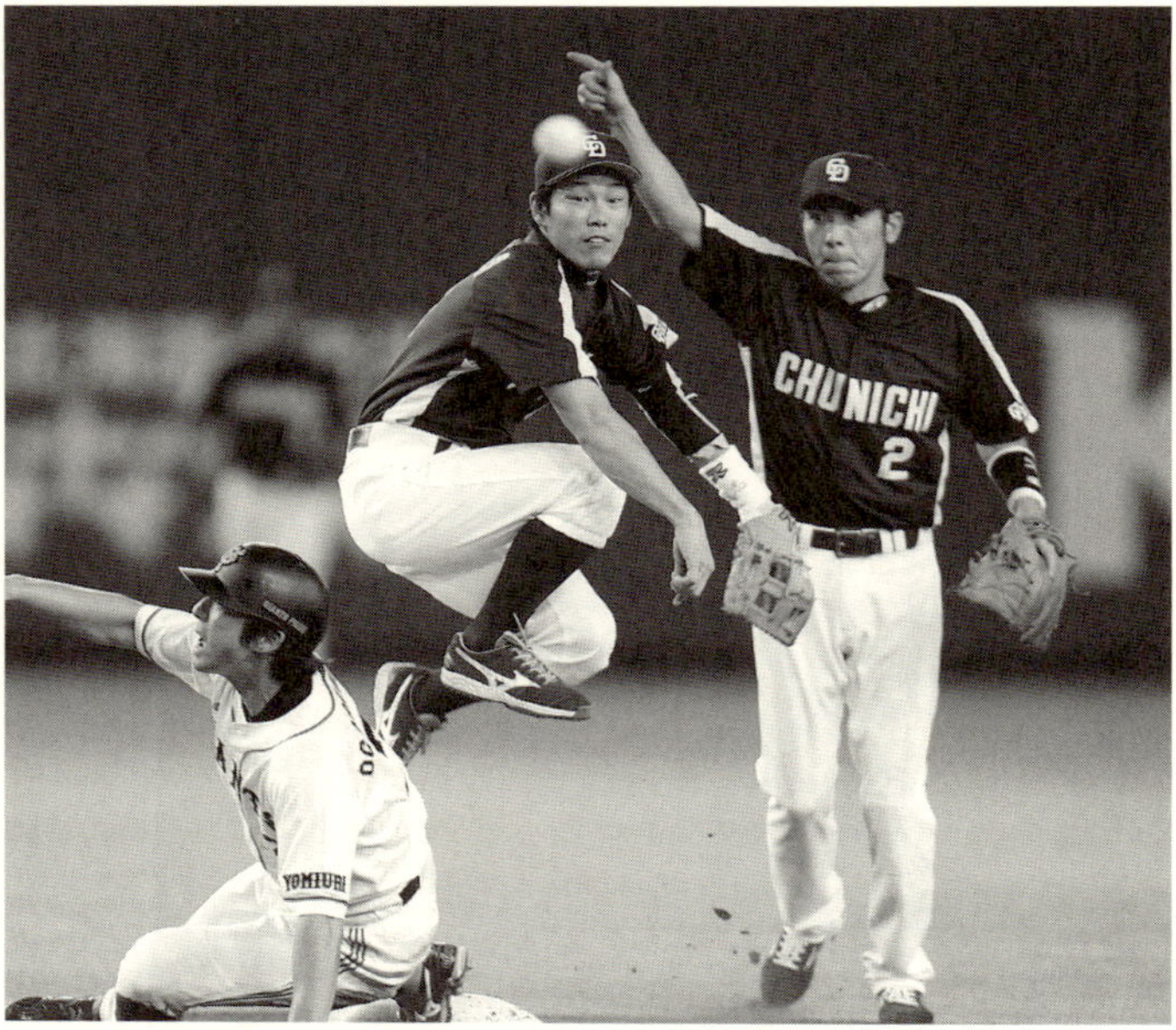

球史に残る二遊間と言ってもいいアライバコンビ（荒木雅博選手＝右、井端弘和選手＝中央）。

そして、捕球時のポイントが2つ。1つは、頭の位置だ。右投げの選手の場合、できるだけ頭を体の右側に置いておく。右に置いておけば、捕球後のステップでしっかりと軸足（右足）に頭を乗せることができ、送球の安定性と強さが増していく。ピッチャーが前足を上げて、軸足に力をためる動きを、野手も作り出していくわけだ。小・中学生の場合は、右足でケンケンをしながら股を割った捕球姿勢を作るようにすると、右側に乗る感覚がわかりやすいと思う。ケンケンをすれば、自然に頭が右足に乗るようになる。

これが、捕球時に頭が左側にあると、捕球から送球に移るときのバランスが崩れ、軸足に乗せきれなくなる。「突っ込んだ状態」だ。ヒジを上げる時間を作れずに、送球がシュート回転で抜けていく場合がある。頭が左側にずれる理由の1つに、股割りの姿勢が崩れていることが考えられる。右足のヒザが内側に折れてしまい、結果として頭が左側に動くのだ。本書の対談で井端選手も話しているが、股を割ることは捕球の大基本となる。「グラブが上がらない」のも、名手の共通点。人工芝の場合、イレギュラーの可能性は低いため、どんなに速いゴロであっても、グラブを地面につけておけばボールは入るのだ。しかし、打球が速かったり、バウンドが合わないと、どうしてもグラブを上げてしまう。

グラブの基本的な使い方は「下から上」。これはアマチュアでもプロでも同じ。「上から下」に使うと、グラブの下をボールが通過することが起こりうる。プロでは恥ずかしい「トンネル」だ。下から上に使うためにも、グラブは下に置いておくこと。簡単そうに思えて意外とできないこの技術を習得できれば、ゴロ捕球の安定度が一気に増していくはずだ。

このような正しい捕球姿勢は、手投げでのゴロ捕球やノックの中で繰り返し練習をするしかない。バッティングで数多くのボールを打つのと同様に、守備も反復練習の中で自分なりの感覚やコツをつかんでいく。そして、捕球したあとはグラブと利き手を体の近くに寄せ、そのあいだに握り替えをする。体の近くで捕ろうとすると、寄せる時間＝握り替えの時間がなくなり、上と下の動きが合わなくなってしまう。

実はこの動きが、ダブルプレーのときに役立つ。とくに、体の向きを瞬時に変えなければいけないセカンドには必須の技術だ。コンマ何秒かの時間で、どれだけ素早く握り替えができるか。足の使い方を含め、ダブルプレーに関しては、第4章で詳解していきたい。

軸足の内側のくるぶしを相手に向け、スローイングを磨く

足を使えるようになれば、必然的にスローイングも安定する。代表的な例が、巨人のショート・坂本勇人《はやと》選手だろう。

14年まではスローイングのミスが目についたが、15年からはやや改善されている。捕っ

たあとに、しっかりとステップして投げるようになったのがその理由だ。巨人でチームメイトとなり、今はコーチという立場である名手・井端弘和選手の教えも効いていたはず。このあたりは、209ページからの対談で詳しく語ってくれている。

宮本慎也選手はステップのコツを、「軸足の内側のくるぶしを、投げたい方向に向ける」と話していた。なるほど、と思う。私もステップした足の内側を向けるようにしていたが、「内側のくるぶし」と表現したほうがわかりやすい。野球をやっている子どもたちには、ぜひ参考にしてほしいコツだ。

内側のくるぶしを向けることで、右投げなら自然に左肩が投げたい方向に向き、コントロールをつけやすくなる。無理に「肩を入れよう」「肩を向けよう」としすぎると、前の肩が入りすぎてしまい、肩を開かないと投げられない状態に陥《おちい》る。意識するべきは、肩を入れることではなくて、軸足の内側のくるぶしを向けることだ。

セカンド、ショートを経験してきた私の持論は、「スローイングが安定していれば、どこでも守れる」。捕球は、ノックを受ければ受けただけうまくなる。とくにうまいノッカーにめぐり合えば、上達する確率は高い。ノックを受けているうちに、自然に捕球のリズムが生まれていく。これについては、井端選手も同じ考えを持っていた。彼の口から出てきたのが、高代延博《たかしろのぶひろ》コーチ（現阪神タイガースヘッドコーチ）の名前。井端選手は中日時代に高代コーチの芸術的なノックで、守備力を上げていった。

では、スローイングのうまさは、どこにあらわれるのか。私は、軽く投げられるかどうかだと思っている。目いっぱいビュンと投げるのは、プロであれば当たり前。オーバースローで軽くピューッと投げても、ストライク送球が行くかどうか。オールスターのホームラン競争で、バッティングピッチャーに指名されるのは、スローイングがうまい選手だ。バッターが打ちやすいコースに、打ちやすいスピードで投げてあげられる。しかも、満員のお客さんの前でこの仕事を平然とこなすわけで、私には到底できないことだった。

ちなみに、私はよく汗をかくほうだった。手汗をかくと、ボールがすべり、悪送球につながることがある。それを防止するために、常にユニフォームの右ポケットには小型サイズのロジンバッグ（ロージンバッグとも記す）を入れ、こまめにさわった。

「ロジン＝投手のもの」と思うかもしれないが、野手にとっても必需品。捕手も、ポケットに入れていることが多く、とくにランナーが出塁し、なにか仕掛けがありそうな場面でロジンをさわる。指先の準備をしているわけだ。

球場で試合を見る機会があれば、選手のポケットに注目してほしい。ポケットに手を入れていたら、ロジンをさわっているということ。とくに雨の日になると、ロジン率がグンと上がる。セカンド、ショートら野手でも、ボールを投げる指に細心の注意を払っているのだ。

右打者・左打者別、アベレージ型・パワー型別、配球・球種別の対策と守備位置

本章の最後に、様々なシチュエーションにおいて二遊間プレーヤーが心がけておきたい基本ポイントを、ざっとご紹介しておこう。

それまでショートを守っていた私は、92年からセカンドに変わったが、予想以上にポジショニングにとまどった。とくに難しかったのが、右バッターに対する守り方だ。インコースのストレートに対して、バットのヘッドを遅らせて、ライト方向におっつけてくる。代表的な例が、宮本慎也選手の右打ちだろう。私の中日でのチームメイトでは、井端弘和選手が得意にしていた。このおっつけが、なかなか予想ができないのだ。ピッチャーが投じるコースやバットの軌道から、「センター方向かな」と準備をしてみても、打球はライト方向へ。逆を突かれることが何度かあった。

最近のセカンドで言えば、広島の菊池涼介選手のポジショニングには度肝《どぎも》を抜かれる。ライトの近くにまで下がり、一、二塁間や二遊間を抜けそうな当たりを好捕。また、ボテボテの当たりに対して素早いダッシュで突っ込み、アクロバティックなグラブトスやバックトスで打者走者をアウトにする。どちらかと言えば、地味な印象が強かったセカンド像

を見事に変えた。あれだけ深く守れるのは、自らのフットワークと肩に自信があるからだ。自信がないセカンドであれば、あそこまで大胆には守れないだろう。

ただ、セカンド像を変えた菊池選手ではあるが、私にはショートに挑戦してほしい気持ちもある。大学時代はショートをやっていたようだし、ショートでやれるだけの身体能力を持っている。このあと掲載する対談で、その話を振ってみると、自分がセカンドにいたほうが「ダブルプレーを取れる」という首脳陣の考えがあるとのこと。確かに、ボールを早く放す技術を持っているので、この理由にはうなずける。でも、やはり、今のスタイルでショートを守ったらどんな動きをするのか見てみたい。

セカンドのポジショニングは、ランナーが一塁に出ると、難しさが増す。ノーアウトや1アウトでは、ダブルプレーを狙うために、二塁ベースに入れる距離にいるのがセオリーだ。しかし、一、二塁間はあいてしまう。抜かれると一気に一、三塁となるリスクもある。

二塁ベース近くを守っていたときに、ベンチにいるコーチやキャッチャーから「一、二塁間を詰めてくれ」という指示が出たこともあった。しかし、セカンドの心理からすると、「それじゃあ、二塁ベースに入れないですよ」となる。バッターの特徴や点差、イニングなどを頭に入れながら、どちらを優先していくかを決めていく。

福岡ソフトバンクの柳田悠岐《やなぎたゆうき》選手のような左のパワーヒッターに対しては、セカンドは

一、二塁間を締めながら深く守って打球に専念し、二塁ベースカバーはショートに任せるという考え方もあるだろう。一方、セーフティーバントが考えられる俊足打者の場合は、一塁ベースに入れる距離に守ることも1つの手となる。

日本ハム、福岡ダイエー（現福岡ソフトバンク）、巨人などに在籍し、1999年から01年まで中日でも投げていた武田一浩《かずひろ》さんは、自らの意志で、セカンドを一、二塁間に極端に寄せるピッチャーだった。武器は、左バッターのヒザ元に食い込むカットボール。今でこそ珍しくなくなったが、当時のプロ野球界では希少価値が高い球種だった。それゆえに、名だたる左の強打者、パワーヒッターたちも攻略方法を見つけられなかった。体の近くに来るカットボールに対して、グシャッと詰まったセカンドゴロやファーストゴロに終わっていたのだ。このボールに対する左バッターの打球方向は、二遊間よりも、圧倒的に一、二塁間が多い。そのため、セカンドを守っていた私に、武田さんは「ランナー一塁のときは、一、二塁間を締めて守るように」と指示を出していた。こうなると、二塁ベースカバーが遅れてしまうが、武田さんの考えは「サードゴロ、ショートゴロなら、オールファーストでいい」というもの。一、二塁間を抜けて、一、三塁にされることを嫌っていたのだ。

その注文どおり、よく一、二塁間に飛んできた。これだけ、打球方向を読めるのであれば、二塁ベースカバーを捨てて、打球優先にする考え方もありだ。

こうした味方バッテリーの配球やピッチャーの球種、そして相手の右バッター、あるいは左バッターの特性から打球の方向を予測したり、シチュエーションで守備位置を変えたりするのは、ショートも同じだ。強振する右のパワーヒッターに対して、胸元に食い込む変化球を引っかけさせてゴロに打ち取るスタイルのピッチャーの場合、ショートは三遊間寄りに守る必要も出てくる。また、鳥谷敬《たかし》選手（阪神）や川端慎吾選手（東京ヤクルト）、秋山翔吾《しょうご》選手（埼玉西武）のような左のアベレージヒッターが打席に立ったら、流し打ちの可能性にも気を配り、逆方向への打球もケアしなくてはいけない。彼らはインコースを三遊間におっつける技術も持っている。

ただ、打球を捕れずにレフト前に抜けても、一塁ランナーが三塁を狙うことはさほどないので、セカンドほど頭を悩ませることはないだろう。

もし、ランナーが一塁にいながらも、セカンドが一塁寄りに守っていたとしたら、なんらかの理由があるはずだ。打球方向を読めているのか、ダブルプレーよりも一、三塁を阻止する狙いなのか。また、ショートが三遊間を詰め気味、とくに左打者なのに寄っていたら、ピッチャーの配球かなにかが関係しているのか……。

このような考えを持ちながら観戦するだけでも、今までと違った二遊間の奥深さに気づけるかもしれない。

第2章 二遊間「各論」：二塁手を極める

うまいセカンド＝ボールを早く放せる選手

第2章からは、セカンドとショート（第3章）、それぞれの個別の特性や動きにしぼって解説していきたい。二遊間を形成する2つのポジション単体の基本や重要性を知ることで、先々解説するコンビとしての連係の深い極意が、より理解しやすくなるからだ。

まずは、セカンド。私は1992年からセカンドに移り、3年連続でゴールデングラブ賞をいただくこともできた。長年、ショートをやっていただけに、文字どおりゼロからセカンドの技術を習得していった思い出がある。

「うまいセカンド」とはどういう選手か？ こう聞かれたなら、「ボールを早く放せる選手」と答える。足を使って捕る、足を使って投げるという基本を押さえたうえで、ボールをどれだけ早くリリースできるか。握り替えのスピードにもつながってくるが、この技術がなければプロのセカンドとして活躍することは難しいだろう。

「ボールを早くリリースできる＝ダブルプレーを取れる選手」と表現することもできる。6－4－3、5－4－3の動きの中で、ボールの握り替えが遅ければ、必然的に送球は遅くなる。4－6－3のダブルプレーも同じ考えで、早くリリースすれば、ショートの動きに時間的な余裕が生まれ、一塁ランナーのスライディングにつぶされにくくなるわけだ。

今、ボールを放すのが早い代表格は、第1章で足を使える堅実なプレーヤーとしても名を挙げた、東北楽天の藤田一也選手だろう。ダブルプレーのときは、極端に言えば、捕ったときにはもう投げている。一瞬にして、握り替えを完成させているのだ。2016年に、千葉ロッテから巨人に移ったルイス・クルーズ選手も、やや粗《あら》さはあるが、うまい。

握り替えを早くするコツは、グラブの使い方がポイントとなる。

セカンドは、ショートよりもやや小さめのグラブを好む傾向にある。以前に比べると、セカンドのグラブも少しは大きくなってきているが、それでも内野手の中ではいちばん小さい。大きくなったのは、人工芝のグラウンドが増えてきて、速い打球に対応するための策。グラブは少しでも大きいほうが、追いつけるかどうかギリギリの打球でもグラブの先に引っかかる可能性が生まれる。しかし、大きくなると、握り替えに時間がかかってしまう。例えば、素手にボールを持っていれば、目をつぶってでも握り替えができるだろう。手の平や指にボールが触れていれば、体のセンサーが働きやすく、利き手ですぐにボールの縫い目をさがすことができるのだ。

では、グラブをはめてみると、どうなるか。グラブの先で捕れば捕るほど、手で捕る感覚はなくなっていく。よって、利き手のほうでさがさなければならない、よけいな時間が生まれてしまうのだ。すなわち、大きいグラブは打球を捕るには適しているが、握り替えからスローイングのことを考えると、マイナスの要素もあるということだ。どちらを重視するかは、選手によって変わる。ゴールデングラブを8度も受賞した辻発彦選手（西武など）は、セカンドにしては大きなグラブを使っていたが、瞬時の握り替えも見事だった。

薬指の付け根に当てて、握り替えのスピードアップ

打球でも送球でも、グラブのどこで捕球するかによって、握り替えのスピードが変わってくる。スピードを求めるのであれば、ウェブ（グラブの親指と人差し指のあいだの網《あみ》の部分）側はNG。ボールがグラブの奥まで入ってしまい、握り替えに時間がかかるからだ。

一般的には人差し指の付け根が基本と言われるが、本当にスピードを求めるのなら、薬指側がベストだろう。薬指にボールを当てて、握り替える。だから、握り替えがうまいセカンドは、グラブで「捕る」「握る」という感覚をほとんど持っていなく、送球や打球の勢いを「止める」「当てる」の意識のほうが強い。「当て捕り」とも呼ばれる技術だが、グラブを一枚の板のようにして使っている。すなわち、セカンド用のグラブには人差し指側と薬指側に、2つのポケットが存在することになる。私は新しいグラブを使い始めるとき

ボールを受けるグラブの3つの捕球ポイント

【ウェブ】
ボールをしっかり捕る場合や、急がなくていい場面ではここでもいいが、
早い握り替えを要求される場合は、ここで捕ると遅くなってしまう。

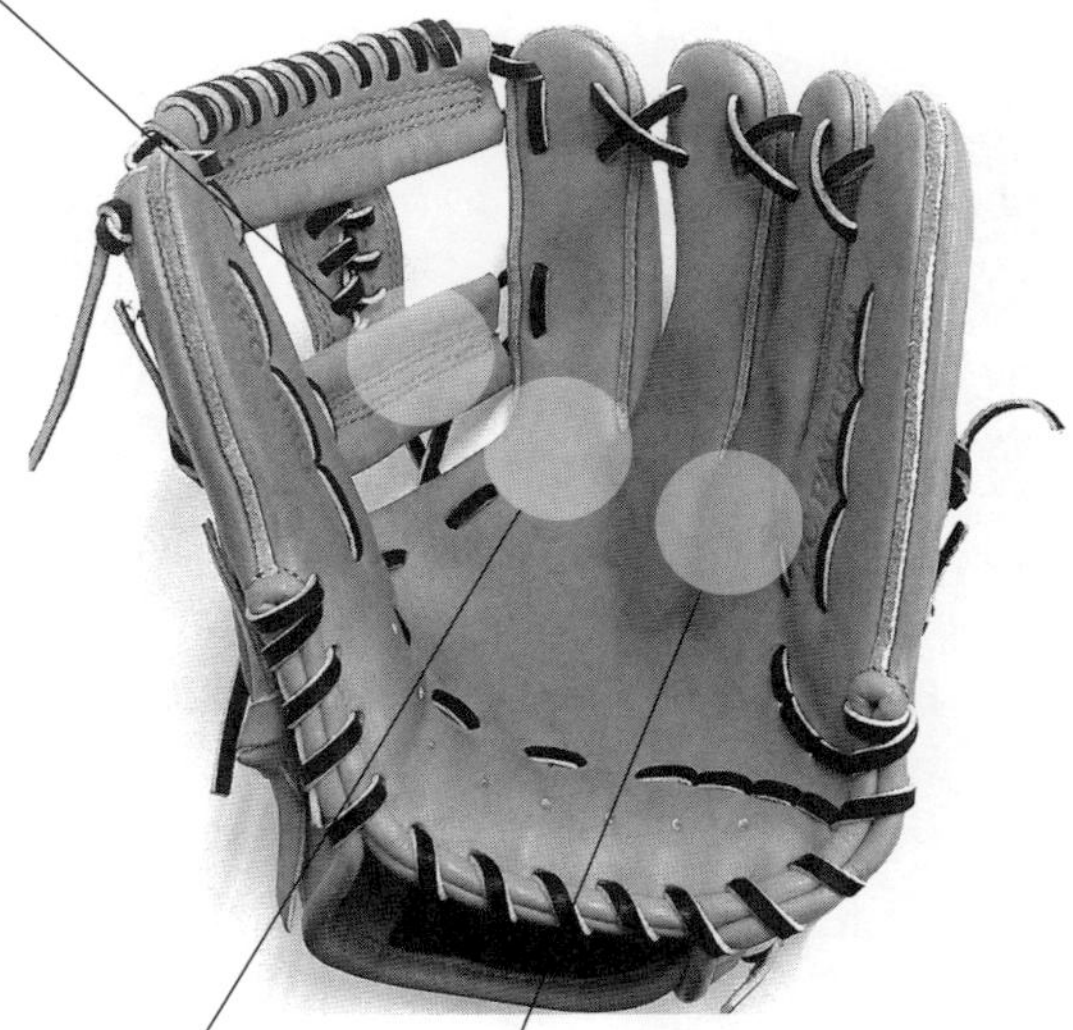

【薬指の根元】
ダブルプレーの場合など、素早く握り替えて送球する必要がある場合は、ここで捕る。「当て捕り」と言われる、スピード重視の高度なプレーだ。

【人差し指の根元】
通常は、ボールの感触を手で感じられるここで捕るのが基本。
ボールの回転や勢いをしっかり殺して、次のプレーに移る。

素早くボールを放す必要があるセカンドは、これら異なる捕球法の使い分けが求められる。

は、右手で握りこぶしを作り、薬指側をパンパンと叩《たた》くようにしていた。人差し指のほうのポケットはキャッチボールをしていれば自然にできてくるので、薬指側を意識して作る。

ショートにも、薬指側のポケットが必要だが、コンマ何秒の握り替えが求められるのはセカンドのほうが多い。ボールを早く放すための努力は、グラブ作りから始まっている。

ただ、握り替えと言っても、ピッチャーが投げるストレートのように人差し指と中指が縫い目に対して直角に握れている状態はまれだ。その中でも投げられているのは、人差し指か中指が縫い目にかかっているから。この2本のどちらかが触れていれば、なんとかなる。経験を重ねていけば、そのときの握りを感じながら、少し力を抜いて投げられるようにもなってくるものだ。

気をつけなければならないのは、送球が上に抜けてしまうこと。上へ抜けるのであれば、低く投げてのショートバウンドのほうがまだいい。なぜなら、ショートバウンドは相手が捕ってくれる可能性があるからだ。「うまく握れていない」と思えば、なるべく低く投げる意識を持っておくといいだろう。

投げるという意味では、爪《つめ》の手入れにもこだわっていた。「ピッチャーは爪切りではなく、爪ヤスリを使う」という話を聞いたことがあるかもしれないが、これは私も一緒。爪切りを使うと、深爪《ふかづめ》になり、指先の感覚が変わってしまうことがあるのだ。また、爪が長いと割れる恐れがあり、送球に影響してくる。そうならないように、私の場合は人差し指と中指はヤスリでこまめに整えるようにしていた。

野球選手にとって、「指先は命」。爪のケアにまで気を配っておきたい。

上からしっかりと投げることが、セカンドの寿命を延ばす

「セカンドはイップスになりやすい」

プロ野球の世界でも、これは耳にすることが多い。イップスとはメンタルに由来する運動障害で、ごく簡単に言えば「緊張して腕が縮こまってしまう」ような状態だ。現に投げることに悩む選手はショートよりもセカンドが多い。このいちばんの理由は、セカンドから一塁までの距離が近いことにある。「近いから簡単なのでは？」と思うかもしれないが、近ければ、足を使わずに手だけで投げることができてしまうのだ。

人間にとって、最も器用に動くところは手。それが、緊張感などで手に対する意識が鋭敏になりすぎて、「ボールをどのタイミングで放ればいいのだろう？」と悩むことがある。ファーストが近い分、ときには6～7割ぐらいの力で投げるプレーも求められる。例えば、一、二塁間のゆるいゴロ。ファーストとの距離が近くになるため、目いっぱい投げたら、

捕りづらい。思いきり投げるのは得意でも、力をゆるめて投げることが苦手な内野手もいる。こうしたことでストレスがかかり、スローイングがおかしくなる場合もあるのだ。

イップスの対症療法の1つは、一時的に横から投げること。セカンドは距離が近いこともあって、サイドスローで放る選手がいるが、こういった選手ほどスローイングに不安があることが多い。腕の角度を変えるだけで、いやなイメージが消えて、スムーズに投げられることがある。

とはいえ、これは対症療法であって、抜本的な改善ではない。やはり、スローイングの基本は上からしっかりと投げることだと思う。横から投げるのは気持ち的にラクなことではあるが、このスタイルに慣れてしまうと、肩の衰えが早くなる。これは、足を使って捕り、足で投げるという考え方と似ていて、ラクをしようとすると選手寿命が縮まってしまう。

プレッシャーがかからないキャッチボールでは、上から投げることを意識づけておいたほうがいいだろう。肩の力を衰えさせないためにも、遠投まできっちりとやること。サイドスローで遠投をする野手は、まずいない。一方で、試合の中では横から投げる技術も必要となる。コツは、手首を立てて投げること。手首を立てることによって、ボールを強く叩くことができるからだ。中指を空に向けるようなイメージを持つといいだろう。手首が立っていると、リリース後に小指が立った状態が作られる。長嶋茂雄さん（元巨人、現巨人終身名誉監督）のおなじみのスローイング映像を思い出してもらえると、わかりやすい。手首が寝てしまうと、送球が左右にぶれて、強い送球を投げることができなくなる。

サイドばかりで投げていると、どうしても手首が寝やすくなってしまう。これがオーバースローのときにも影響が出てしまうことがある。スローイングの基本は、あくまで上からということは理解しておいてもらいたい。

逆の動きのコツはステップにあり

セカンドに移ってから、いちばん練習したのが逆の動きだ。逆とは、捕球後に二塁ベースや三塁ベースに投げること。一塁ベースに投げるときとでは、体の使い方が変わってくる。ショートならば、二塁ベースへも一塁ベースへも、投げるときの基本的な方向は同じだが、セカンドは逆の動きが生じる。この逆の動きがスムーズにできなければ、セカンドとして生きていくことは難しい。

いちばん大事なのはステップだ。捕ったあとに、数センチでもいいので、先に述べたように軸足の内側のくるぶしを投げたい方向に向ける。このステップの方向性が、スローイングの安定感を生み出してくれる。そして、できるだけ早くステップすること。下を早く動かせば、上も勝手に早くなるものだ。これが、上だけ早く動かそうとすると、ステップが不十分となり、悪送球につながってしまう。もちろん、ノーステップで投げられる距離もあるが、若いうちはしっかりとステップを入れたほうが、基本の動きを覚えることができる。

そして、捕るときの姿勢も大事。二塁ベース方向に投げるのなら、右足をやや後ろに引いて、あえて体を開いて捕れば、その後のステップを踏み出しやすい。まずは捕ることが第一だが、捕ったあとにどこに投げるかまで想定しておくと、それに適した捕り方が生まれる。

握り替えは、すでに紹介しているが、ボールを自分の中心に寄せてくるあいだに行うこと。体の近くで捕ってしまうと、握り替えの時間がなくなってしまう。股《また》を割って、懐《ふところ》を深く作る捕球姿勢は、どんなときでも重要なポイントとなる。

判断が難しいプレーが、ヒットエンドランをかけられたときだ。やや強めのセカンドゴロに対して、スタートを切っていた一塁ランナーがセカンドの前を通過してから、打球を捕る。そこから、安全策でファーストに投げるか、それとも4－6－3を狙うか。

プロ野球選手ともなれば、これまでの経験の中から、ゴロを捕ったときに一塁ランナーがどこにいればアウトにできるかがわかっている。二塁に投げる投げないの判断が、見えないラインが引かれているかのように存在しているのだ。

その中で言えることは、一塁ランナーは内野ゴロだとわかっているため、二塁ベースに真《ま》っ直《す》ぐ滑るということだ。タイミングはギリギリ。セーフになりたいがために、ベースに滑ってくる。これが、明らかなアウトであれば併殺崩《くず》しでショートの足を狙うこともあるが、ヒットエンドランの場合はセーフになる可能性があるために、ランナーも必死になる。

このとき、ショートは併殺崩しのスライディングでつぶされる心配がないため、送球を受けたあとにスムーズにファーストに投げられる。もし、二塁がセーフであったとしても、打者走者を一塁でアウトにすることは可能。もちろん、打球の速さにもよるが、一塁ランナーがどういうスライディングをしてくるかまで頭に入れたうえで、ベストな判断をすればいい。

もう1つ、セカンド独特の動きと言えるのが、一、二塁間をギリギリ追いついたあとに、反時計回りで体を回転させ、二塁に投げるプレーだ。ダブルプレー狙いではなく、一塁ランナーのフォースプレーを狙ったもの。二塁封殺が間に合わないと思えば、一塁へ送球する。

動きながら捕るときは、このように体を回転させたほうが、強いボールを投げやすい。このときも、ポイントになるのは軸足の内側のくるぶしの向き。バランスが崩れそうになったとしても、軸足を安定させれば、強い送球につなげることができる。軸足の向きひとつで、送球の安定度は変わることを覚えておいてほしい。また、目で目標物を早めにとらえることも大事。軸足と目が決まれば、送球はおのずと安定していくものだ。

下がって捕ってもいいのがセカンド

第1章で、「セカンドは斜め後ろに下がってでも、捕ればアウトを取れる」と解説した。ここがショートとの大きな違いになるが、表現を変えれば、やみくもに前に出る必要はないということだ。バウンドが合わなければ、後ろに下がってもいい。私はこの考えを持てるようになってから、セカンドでのプレーがラクになった。

もちろん、そこには打者走者の足も関係してくる。バッターがかつての盗塁王・赤星憲広《あかほしのりひろ》選手（元阪神）のような足のスペシャリストであれば、勝負をかけて前に出ることも必要だが、そうでなければ捕ることに専念してもいいわけだ。

つまりは、打者走者のスピードによって、野手の判断、捕り方は変わるということ。どれだけきれいに捕って、流れるようなプレーをしても、バットに当たってからファーストが捕球するまで5秒もかかっていれば、アウトの可能性は低い。常に、打者走者の足を頭に入れながらプレーをする。中学生や高校生に、ぜひ知っておいてほしい。

ところで、セカンドに限らず、一般的にゴロを捕るタイミングには、大きく分けてイージーバウンド、ショートバウンド、ハーフバウンドの3種類がある。

この中で最も簡単なのは、バウンドが上がりきったところ（イージーバウンド）で捕ることだが、そうそうタイミングが合うわけではない。うまい内野手ほど意識しているのが、バウンドの上がり際、つまりはショートバウンドを狙うことだ。人工芝であれば、イレギュラーがほとんどないため、ボールが上がる角度にグラブを合わせておけば、ほぼ入る。また、ショートバウンドで捕るためには、足を使って、足で攻めていかなければならない。捕ったあとも、足を使いやすいため、足の力を使ってファーストに投げることができる。

問題となるのが、ハーフバウンドだ。一歩目が遅れたり、バウンドを合わせ損なったりしたときに、中途半端なバウンドになりやすい。また、痛烈なライナーのときには、バウンドを合わせる時間がない場合もある。

しかし、セカンドの場合は「後ろに下がる」という選択肢がある。どちらかの足を後ろに引いて、半身になれば、ボールを横から見ることができ、距離感を作れる。イレギュラーの対応にもつながるので、瞬時の判断で半身を作るのも1つの手なのだ。

ボールを真正面から見ようとすると、距離感がつかめなくなる。内野手は、後ろに下がることが悪いことのようにイメージされているが、ファーストまでの距離が近いセカンドの場合は、決してそうではない。バウンドが合わなければ、あえて半身になって下がってもいいのだ。

連続無失策記録を止めた「オーバースピンの打球」への対処法

私はセカンドに移った2年目の93年6月11日から翌94年にかけて、712回連続無失策という、セカンドでの当時のセ・リーグ新記録を樹立した。712回の守備機会において、一度もエラーをしなかったということだ（その後、05年から07年にかけて阪神の関本賢太郎《けんたろう》選手が804回に更新。日本記録は、阪急ブレーブス、オリックスブルーウェーブなどで活躍し、現在はオリックス・バファローズで監督を務める福良淳一《ふくらじゅんいち》さんが保持する836）。この年の守備率は9割9分7厘。私の野球人生において最高の数字を残すことができた。

1つひとつの積み重ねが、記録の達成につながったと思っている。バッティングの「連続試合安打」のようにわかりやすい記録ではないため、マスコミのみなさんに言われるまでは意識したことすらなかった。えてして、守備の記録はこのようなものだろう。

記録が途絶えたのは94年6月11日の巨人戦だった。松井秀喜選手が放った痛烈なセカンドゴロをグラブに当てて、はじいてしまった。グラブに当たっていたので、当然エラーだ。まわりの観客やチームメイトから見たら、「もったいない。捕れた打球だったのに」と思うだろう。でも、守っている当の本人は、「今のは捕りづらい……」という感覚だった。

決して言い訳しているわけではないのだが、松井選手のゴロは強烈なオーバースピンがかかっていて、打球のスピードが衰えない。ボールの上をかぶせるように打つため、オーバースピンがかかりやすい特徴があった。前田智徳《とものり》選手（元広島）も似たようなタイプ。強いゴロが飛んでくると、いやなものだった。オーバースピンのゴロは、セカンドに限らず、内野手泣かせなのは間違いない。対処法としては、落ち着いてバウンドを合わせるしかない。強く叩いているので打球が速い分、時間的な余裕はある。そして、グラブの内側の面をボールにしっかりと向け、はじかないように注意したい。

ちなみに、スコアボードに表示される「E」（エラー）は、リーグの公式記録員が判断している。「H」（ヒット）か「E」の微妙なプレーを判定するのが、公式記録員の仕事だ。

正直に言えば、「今のがエラー？　直前でイレギュラーをしてたから、捕るのは難しいやろ……」と思うことも。しかし、これは、守っているものにしかわからない感覚だろう。イージーゴロに見えても打球に変な回転がかかっていたり、捕りにくい場合があるものだ。

守備にこだわる選手ほど失策数は気にしていて、二遊間であれば年間10個以内が一流内野手の証《あかし》と言える。

16年はゴールデングラブ賞を狙うことを公言している山田哲人選手は、守備が明らかに向上している。バウンドの合わせ方のコツをつかんだのかもしれない。

打撃のほか、守備力の向上も顕著な山田哲人選手。ゴールデングラブ賞獲得を目指している。

バントに対する対応&一塁へのベースカバー

この章の最後に、セカンドならではの仕事である「バントへの対応」について解説したい。バントに対する反応を敏感にしなければ、打者走者を生かしてしまうことにつながる。

走者なしの場合、セーフティーバントの構えを見せた瞬間に、セカンドは一目散に一塁ベースカバーに走らなければいけない。揺さぶりであっても、必ず一塁方向へ動く。三塁側にバントをされた場合は、5（あるいは1、2）→3の延長線上にバックアップに入る。

セーフティーバントの守りでよくあるのが、あわてた末の悪送球で、打者走者を二塁まで進めてしまうことだ。それを防ぐためにも、セカンドの一塁へのバックアップは重要なプレーとなる。なお、バックアップとは、もしものときに備えて、捕球する選手の後ろに入ること。ベースカバー・カバーリングはあいている塁に入ることを指す。

セカンドに移ったときは、「短距離ダッシュを何回すればいいのか……」と思ったほどだ。ショートに比べると、ダッシュの機会がとにかく多い。それだけ走っても、実際に送球ミスが起きて、バックアップが役立つことは少ないのだが……。少ないということは、味方の送球が安定しているということにもなる。言ってしまえば、「バックアップ=保険」のようなもの。保険をかけておけば、万が一、なにかあったときに対応が可能となる。

それと、バント守備のときに気をつけなければいけない点がもう1つ。セカンド前へのドラッグバントやプッシュバントだ。「バントの構えをすれば、セカンドは一塁ベースへ走る」という動きがわかっているバッターは、あえてセカンド前に強めのバントをしてくる。ちょうど、ピッチャー、ファースト、セカンドの中間地点だ。

セカンドは一塁ベースカバーに走ることを前提にしながらも、この中間地点のケアを頭に入れておかなければいけない。大事なことは、バットの角度とインパクトの瞬間を、走りながらも目で見ておくこと。これによって、三塁線を狙っているのか、あるいはセカンド前を狙っているのか、おおよそ見当をつけることができる。

最も難しいのが、ランナー一塁で、バスターやバスターエンドランが考えられる場面だ。バントの構えだからといって、一塁ベースカバーを考えてしまうと、相手のヒットゾーンが広がる。ここでも、バッターのしぐさや構えたときのバットの角度から、次のプレーに対する準備をしておきたい。いちばん避けたいのは、「バントしかないだろう」と決めつけてしまうこと。決めつけると、違うプレーをされたときに対応できなくなる。

また、どこに守っていれば、一塁ベースカバーに間に合うかを知っておくことも重要。ショートに比べると、セカンドはバントに対する仕事が圧倒的に多いのが特徴とも言える。

特別対談 PartI

菊池涼介

×

立浪和義

「セカンド目線」のプロフェッショナル二遊間論

「セカンド・菊池流」グラブのこだわり

「菊池のグラブは、セカンド用にしては大きいサイズ」――立浪
×
「グラブにドロースは一度も塗《ぬ》りません」――菊池

立浪　2015年は、3年連続のゴールデングラブ賞、おめでとう！

菊池　ありがとうございます！

立浪　実は、俺もセカンドで3年連続受賞（1995～97年）しているんだけど、菊池くらい守備範囲が広いセカンドは、過去のプロ野球の歴史を見てもいないんじゃないかな。大げさに言えば、ライトの前の打球もアウトにしているでしょう。セ・リーグのバッターは、どれほどのヒットを損しているのか（笑）。それぐらい貴重な存在。そう思って、今回の本の対談相手の1人に選ばせてもらいました。テーマは、「セカンド目線の二遊間論」ということで、よろしく。

菊池　光栄です。よろしくお願いします！

立浪　ちょっと、菊池のグラブをはめてもいいかな？

菊池　どうぞ、どうぞ。

立浪　これ、試合用だよね？
菊池　はい、1年間使ったものです。
立浪　もしかしてと思ったんだけど、ドロース（グラブの革《かわ》に潤《うるお》いを与える油）を全然塗《ぬ》ってない？
菊池　そうですね。塗ってないです。
立浪　やっぱりそうか。絶対に？
菊池　はい。
立浪　それは、どういう理由？
菊池　ドロースを塗ることで重くなったり、ベタベタになって、グラブの感覚が変わるのが、いやなんです。重くなると言っても、本当に若干《じゃっかん》なんですけどね。
立浪　でも、ドロースを塗らないと、グラブのへたりというか、革が弱ってしまうのが早くなるんじゃない？
菊池　早いですね。でも、それよりも、指を入れたときの感覚を大事にしたいんです。
立浪　となると、グラブの手入れはどうしているの？
菊池　ほとんどしていません。
立浪　珍しい考えやね。

菊池　試合が終わったら、自分の最高のグラブの形を作って、そのまま置いているだけです。

立浪　いやぁ、いきなり驚きの話をありがとう(笑)。

菊池　あ、いちおう手入れしていました。夏になると革がぐにゃぐにゃになるので、霧吹きで水をシュッシュッとかけて水分を与えます。水分を入れてから干しておくと、また革が硬くなるんです。

立浪　1シーズン使ったグラブは、その先も使う？

菊池　いや、使えないですね。やっぱりドロースをしていない分、へたりが早いので、1年に1個と決めています。

立浪　1年に1個となると、普通よりは早いかな。あと、もう1つびっくりしたことがあるんだけど、セカンド用にしてはかなりサイズが大きいグラブじゃない？

菊池　はい、大きいと思いますね。

立浪　セカンドは、5－4－3や6－4－3のときに早くボールを放さないといけないから、素早い握り替えが要求されるポジション。それなのに、これだけ大きいグラブを使っているのがすごい。よっぽど、握り替えに独特の感覚があるんだろうね。

菊池　小さいときからボールでよく遊んでいたおかげだと思います。握り替えは、もうほとんどが感覚ですね。

立浪　遊びの中で覚えた感覚は大事だよね。

菊池　お兄ちゃんがいるんですけど、一緒にグラブトスとかバックトスをして遊んだりしていて、遊びでやっていたことが試合でできると、うれしかったですね。グラブトスをするために、今の大きいグラブにしているのもあるんです。

立浪　えっ、どういう意味？

菊池　ポケットで捕ったあとに、ウェブ（グラブの親指と人差し指のあいだの網の部分）の先までボールを転がして、先で跳《は》ね上げるイメージでトスしています。大きいグラブのほうが、これがやりやすいんです。

立浪　そんな話、初めて聞いたわ！

菊池　そうですか!?

立浪　よっぽど、器用じゃないとできない。普通は、グラブの先でやろうとすると、トスがフワッと上がってしまうでしょう？

菊池　僕は、転がすイメージを持ったほうが、速いトスができるんですよ。

立浪　さすが、3年連続ゴールデングラブ！

菊池　いえいえ（笑）。グラブにも工夫をしていて、中指のところがなるべく動かないように作ってもらっています。ここが動いてしまうと、グラブの先を利かせづらいので。

独特の感性と工夫でグラブトスをこなす菊池涼介選手には、守備の欠点が見当たらない。

立浪 そんなオーダー、作る職人さんも難しいんじゃない？

菊池 はい、よく言われます（笑）。

立浪 最初は「大きいグラブ」の意味は、球際の守備範囲を広げるためだと思ったんだけど、そうじゃないのか。

菊池 グラブトスを考えての大きさです。

立浪 ただ、握り替えさえ問題なければ、たとえセカンドでも、大きいグラブを扱えるほうがいろんな面で有利だからね。何度も言うけど、このグラブでしっかり握り替えができるのがすごいわ。

捕球・送球に対する思考

「股《また》を割って、しっかりと捕る」——菊池
×
「結果としてアウトを取ることが、野手の仕事」——立浪

立浪 「ボールを捕る」という点で、大事にしているのはどんなところ？

菊池 僕は感覚で「パパパパッ！」とやりがちなので、股《また》を割って、しっかりと捕って、確実にアウトを1つ取ることです。コーチの（石井）琢朗《たくろう》さん（15年まで広島内野守備・

走塁コーチ、16年から打撃コーチ）からも「まずは、しっかり1つアウトを取りなさい」と言われていました。

立浪　琢朗は堅実なタイプの内野手だったからね。

菊池　試合前のノックでは、正面のゴロだけ打ってもらうようにしています。左右のゴロはあえてやりません。

立浪　それは、左右なら、いつでも捕れるという感じかな？

菊池　左右は動きながらの感覚で捕れるんですけど、正面はいつ跳《は》ねるかわからないこともあって、よくエラーしてしまうんです。僕のエラーは、まわりから見るとイージーな正面のゴロが多いんですよ。それもあって、プロに入った1年目から正面のゴロを意識して練習しています。

立浪　なるほどね。正面だと、足も止まりやすいか。でも、見ていて、年々「堅実性」が身についてきたように感じる。派手なプレーが目立つけど、決してそれだけではないよね？

菊池　アクロバティックなプレーがクローズアップされますけど、あれは打球に応じての形ですから。アウトにするためには、どんな形で捕って、どう投げればいいかを常に考えています。グラブトスやバックトスも、いつも練習しているわけではなくて、とっさの判断の中で生まれてくるプレーです。

立浪　確かに、アウトを取らないと、どんなにいいプレーをしても意味がない。結果としてアウトを取ることが、野手の仕事だからね。

菊池　あと、正面のゴロを多く練習するのは、マツダスタジアム（MAZDA Zoom-Zoom スタジアム広島）が本拠地というのも関係しています。マツダスタジアムは芝生から土に変わるところで打球をさばくことがあるので、本当にいつどこで跳ねるかわからないんです。芝や土のコンディションを確認するためにも、試合前のノックでは正面を打ってもらうようにしています。

立浪　グラウンドの状態は毎日違うし、ランナーが出れば出るほど走路のところが荒れてくる。カープのピッチャーはフォアボールも多いしな（笑）。グラウンド整備をしてもらっていても、内野手としては気をつかうところだね。

菊池　正直、マツダスタジアムで守れるようになれば、あとはどこの球場でも大丈夫という自信はあります（笑）。

立浪　とくに、サードのベースまわりは怖《こわ》いんじゃないかな。土の部分が2センチぐらい、えぐれているでしょう？

菊池　そうですね。キャッチャーなどほかのポジションの選手もサードでノックを受けることが多いので、どうしてもそうなりますね。

立浪　甲子園球場の土は？

菊池　甲子園は内野すべてが土なので、ある程度は跳ね方を予想できるんです。マツダスタジアムは芝と土があるので、本当に難しいです。芝の長さも一定ではないので、たまにゴロが揺れているときがありますね。

立浪　芝生の場合、雨に濡《ぬ》れていたりすると、予想以上の速さで打球が来るときがあるよね。あとは、梅雨《つゆ》どきのナイター。雨が降っていなくても、湿気で濡れていることがある。あのときのスリップした打球が、内野手にとってはいちばん難しいかもね。

菊池　はい、わかります。

立浪　グラウンドのコンディションについては、球団に要望を出すこともあるの？

菊池　あります。15年の契約更改のときに、思っていることを全部ストレートに伝えてきました。

立浪　名手・菊池がやりやすい球場のほうがいいからね。菊池から見て、守りやすいピッチャーはどんなタイプ？

菊池　打球方向を読みやすいのは、黒田（博樹）さんと、マエケン（前田健太）さん（現ロサンジェルス・ドジャース）ですね。コントロールがいいので、打球方向を予測することができます。

立浪　やっぱり、その2人か。テンポもいいし、ゴロも多いでしょう。俺は打球が飛んできそうにないピッチャーも、気分がラクで良かったけど(笑)。できることなら、打球は飛んでこないほうがいいからね。

菊池　わかります。自分もジョンソンが投げているときは、「今日はあまり飛んでこないだろうな」と、気持ち的にラクになりますよ(笑)。

セカンドの面白さと深さ

「一塁のバックアップに何度も動くセカンドは大変」——立浪
×
「バランスボールをランナーに見立てて練習」——菊池

立浪　申し訳ないが、アマチュア時代のことはあまりよく知らないんだけど、学生のときからセカンド？

菊池　いえ、大学生のときはショートで、セカンドはプロに入ってからですね。

立浪　東海地区の大学の出身だったよね？

菊池　岐阜にある中京学院大学ですね。野球では無名の大学です(笑)。

立浪　岐阜なのに、ドラゴンズから誘いは来なかったの？

菊池　話はあったみたいですけど、指名順位の関係で……。

立浪　ドラゴンズはもったいないことしたなぁ……。まぁ、今日はそれが本題ではないんだけどね（笑）。守備の話に戻すけど、セカンドの面白さや醍醐味《だいごみ》はいつぐらいから感じている？

菊池　プロ入り2年目（13年）からですね。1年目は相手ピッチャーが左のときの起用が多くて、出場試合数が少ないため、守備もどうやって動いたらいいかわからないまま、シーズンが終了した感じでした。2年目から左右問わずに出させてもらえるようになり、試合を通していろいろなことを覚えていきました。そこで「こういうこともあるんだ」と視野が広がって、セカンドの面白さや深さがわかってきましたね。

立浪　確かに、試合に出続けないとわからないことってあるからね。ショートと比べて、セカンドの守備の難しさは、どういうところだと思う？

菊池　もう、すべてですね。いちばん感じたのは、ファーストの後ろにバックアップに行く数が、尋常《じんじょう》じゃないぐらい多いことです（笑）。「ここまでカバーに行くんだ」「俺、何回走っているんだろうな」と感じたことがたくさんありました。

立浪　広島はスローイングに不安がある内野手もいるからねぇ。

菊池　いろいろなプレーを頭に入れて走ります。それにカープはバックアップを徹底的にやるチームなので、例えば投内連係の練習だと、ずっとバックアップに走っている感じで、もうそれだけで体力が……。「セカンドの人数、増やしてください！」と、無言のアピールをしています（笑）。

立浪 確かにセカンドは、一塁のバックアップに何度も動くので、本当に大変だよね。

菊池 ショートと、全然違いますよね。

立浪 俺も初めはショートをやっていたからわかる。ショートと比べると、セカンドは動かなければいけないプレーが多いよね。中日の大先輩でセカンドの名手の高木守道さん（元中日監督）がよく言っていたんだけど、サードから一塁への悪送球をダイレクトで捕ったことがあると。それぐらい、しっかりとバックアップに走っていたということだろうね。ダイレクトで捕ったことはある？

菊池 さすがにないです（笑）。

立浪 アクロバティックなプレーのイメージが強い菊池が、地道《じみち》なバックアップもしっかりとやっていることを、お客さんにもぜひ見てほしいね。

菊池 お願いします！

立浪 セカンドは動きがショートとは「逆」になるけど、そのあたりの対応はどうだった？

菊池 やっぱり、難しかったですね。とくに1年目、2年目は、一塁ランナーにスライデイングでかなり削られた記憶があります。キャンプでよくやったのが、バランスボールを一塁ランナーに見立てた練習です。琢朗さんが二塁ベースに向かってバランスボールを転がして、僕がダブルプレーを想定して、よけながら投げるんです。そういう練習で、感覚をつかんでいきました。

立浪　なるほど、そういうユニークな練習をやっていたのか。

菊池　外国人が一塁ランナーにいると、本当に怖いですね。なにより、すごい形相で走ってくるので(笑)。

立浪　それはよくわかるわ(笑)。体も大きいしね。それに二塁ベースではなく、人を目がけてスライディングしてくるときがある。

菊池　1年目に怖かったのは、(ラスティングス・)ミレッジ(東京ヤクルト)や(マット・)マートン（阪神）です。彼らにというわけではないですが、スライディングで足を削られたことは何度かあります。

立浪　サードやショートが早くボールを放してくれないと、セカンドはつぶされてしまう。ランナーと二塁ベースの距離が詰まるからね。そうならないためには、捕ったら二塁ベースより前にステップして、逃げるしかない。

菊池　はい。場面によってですけど、自分も前に出るようにしています。

ショートとのコンビプレーの肝《きも》

「試合中でもベンチでよく話をします」——菊池
×
「二遊間で考えが合わないといけない」——立浪

立浪　いろんなショートと組んでいると思うけど、やりやすいショートはいた？

菊池　梵《そよぎ》（英心《えいしん》）さんが組みやすかったですね。

立浪　その理由は？

菊池　「お前がいけると思ったら、全部いっていいよ」と言ってくれていたので、ショートのことは考えずに捕りにいくことができました。梵さんは、僕の姿が見えたら、スッと引いてくれたんですよね。適切な言葉かわからないですけど、好き勝手にやらせてもらった感じはあります。

立浪　そのほうが、菊池らしさが出やすいだろうね。

菊池　今の田中（広輔《こうすけ》）はよく動けるので、その分、ぶつかるときがありますね。あとは、ポジショニングに関しても紙で出ているデータを重視していて、感覚重視の僕とは少し考えが違うところがあるんです。「なんで、そこに守っているの？」と思うことが正直あって、そういうときは試合中でもベンチでよく話をするようにしていますね。

立浪　二遊間で考えが合わないといけないな。年齢はどっちが上？

菊池　僕は大学出身で、田中は社会人（ＪＲ東日本）出身ですけど、同い年です。これから、数多くの経験を積みながら、お互いの考えや感覚が合うようにやっていきたいですね。あいつは、けっこう頑固《がんこ》なんですよ(笑)。

立浪　15年の東京ヤクルト戦（９月６日の東京ヤクルト対広島21回戦）で、盗塁のベースカバーのときに菊池も田中も二塁ベースに入っていないシーンがあったけど、あれはどっちのミス？

菊池　ありましたね……。あれは、田中のサイン見落としです。ランナーが山田(哲人)で、バッターが畠山《はたけやま》（和洋《かずひろ》）さん。これまでの攻め方から見て、絶対に走ってくる場面だとはわかっていました。

立浪　確か、あのときの盗塁で、山田がトリプルスリーの30盗塁を決めているんだよな。

菊池　そうですね。畠山さんは基本的には引っ張りのバッターなので、セオリーではセカンドを守っている僕が二塁に入る。でも、バッテリーは山田の盗塁を警戒して、アウトコースのストレートを要求していました。

立浪　そのほうが、キャッチャーは二塁に投げやすい。

グラブの扱い方、捕球・送球論から、ポジショニング、ショートとのコンビプレーの内幕まで、菊池涼介選手の話には、著者も新発見が多かった。

菊池　はい。ただ、畠山さんが打つ可能性もゼロじゃないですよね。外のストレートなら、逆方向に打ってくることもあるバッターですから。だから、一、二塁間をあけるのがいやだったんです。田中には口のサインで「投球が真《ま》っ直《す》ぐ系のときのベースカバーは、お前に任せたよ」と送ったんですけど、見逃していたみたいで。あとで謝ってきましたけど（笑）。

立浪　そこまで考えてのことだったのか。逆に、もし変化球だったら？

菊池　変化球なら、僕が二塁ベースカバーに入っていました。ベンチに戻ったあとに、首脳陣から「なんで、お前が入らないんだ！」と言われたんですけど、「右に打ってくる可能性もゼロじゃないと思ったんです」と自分の考えをしっかりと伝えました。

立浪　いちおう確認だけど、これは本に載せてもいい話？（笑）。

菊池　全然、いいですよ（笑）。田中とは、まだ少し合わないところもありますけど、以前よりはコンビネーションは良くなっています。だから、年を追うごとに合うようになってくればいいかな、と。そのために、なるべくたくさん話すようにしています。

立浪　ベースカバーに誰も入らなかったり、あるいは2人とも入ってしまったりするケースは、しっかりコミュニケーションをとることで、なくせる。近いうちに、2人のコンビでのゴールデングラブ賞獲得を期待しているよ。

菊池　ありがとうございます。

セカンドのポジショニングの考え方

「外国人に対する守備位置は難しい」——立浪
×
「ヤクルトの川端さんはどこに打ってくるかわからない」——菊池

立浪　ポジショニングの話が出たから、そのあたりをもう少し聞かせてもらえるかな。ポジショニングを決めづらいのはどんなバッター？

菊池　一番を挙げるとするなら、東京ヤクルトの川端（慎吾）さんですね。正直、どこに打ってくるかわかりません。インコースを引っ張るかと思ったら、逆方向におっつけることもあります。足も速いので、どこを守ったらいいのか考えてしまいますね。あとは、外国人はけっこう難しいですね。ずっと引っ張っていたのに、いきなり流してきたりして。「おい、そっちかよ……」と思うこともあります。

立浪　確かに、外国人は難しい。日本人とバットの軌道が違うときもあるしね。

菊池　そうなんです。ほかでは、川端さんと同じヤクルトの畠山さんも難しいですね。さっきも言いましたけど、基本は引っ張りなんです。でも、アウトコースはうまく、一、二塁間に打ってくるんですよね。

立浪　畠山は意外と器用だよね。あと、打者にもよるけど、守備位置の深さはいつから？

菊池　プロに入って2年目の後半ぐらいですかね。定位置に守っていたときに、ふと思ったんです。「なんで、ここに守っているんだろう？　もっと後ろに下がっても、アウトを取れるんじゃないか」って。試しに下がってみたら、アウトが取れたんです。感覚的には、年々深く守るようになっているように思います。

立浪　深く守るだけでなく、そこからアウトを取れるからね。脚力と肩がないと、あの位置は無理。あれだけ動けるってことは、「一歩目」の意識も高いんじゃない？

菊池　かなり気をつけてますね。意識しているのは、バッターが振りにいく瞬間にはもう動いていること。バットとボールが当たる前には、動くようにしています。

立浪　それは、実際に守備を見ていると、よくわかる。一歩目が速い。

菊池　左バッターで真っ直ぐ系の球種に対するタイミングが遅れていたら、「二遊間に来る」とか、常に予測しながら守ってますね。だから、紙のデータももちろん大事だとは思うんですけど、それだけを頼りにはしないようにしています。

立浪　そのときのバッターの調子や、ピッチャーとの相性もあるからね。俺もどちらかと言えば、自分の感覚を頼りにしていたかな。菊池は守備のときの「構え」が、けっこう高いよね。それも、一歩目を意識したもの？

菊池 はい。自分の場合は、低いと一歩目が遅くなる気がするので、自然体で。

立浪 俺のイメージは、テニスのサーブを受けるような感じだったかな。静から動ではなく、動から動で入る。そのほうが一歩目を素早く切ることができるからね。

これからの菊池論

「補殺数にこだわっていきたい」――菊池
×
「ショート・菊池も見てみたい」――立浪

立浪 話を聞きながら思ったけど、よく考えたらショートをできるんじゃないの？ もともとはショートなんだし、肩も足もある。スローイングも守備範囲も、ショートならもっと生きるんじゃない？ ショート・菊池も見てみたいな。

菊池 まわりにもそう言われる方がいるんですけど……高《こう》（信二《しんじ》）さん（広島ヘッドコーチ）には、「ダブルプレーを考えたときに、セカンドに菊池がいたほうがダブルプレーを取れる」と言ってもらっています。

立浪 確かに。菊池の握り替えの速さと肩の強さは、ダブルプレーを取るには欠かせないからね。昔は、「セカンドは、ショートよりも肩が弱くてもできる」と言われていたけど、今はセカンドに求めるものも変わってきている。菊池自身は、ショートをやりたい気持ちはないの？

菊池 とくにないですね。

立浪 それは、残念……！　内野の花形はショートと言われるけど、それをセカンドに変えたいとか。

菊池 全然ないです。花形はショートでいいと思います（笑）。

立浪 実際、ショートからのスローイングでも問題ないでしょう？

菊池 はい、いけます。ノックのときに、肩が弱らないようにショートやサードに入るようにしているんです。

立浪 それはいいこと。セカンドだとどうしてもファーストまでの距離が近いから、肩も下半身も使わなくなっていくからね。若いうちから足で使って投げることを覚えておかないと、肩が衰えたときに投げられなくなってしまうから。

菊池 そうならないように、長い距離を投げるようにしています。

立浪 スローイングの話を聞いていなかったけど、投げるときに気をつけていることは？

菊池 正直、スローイングで悩んだことは1回もないんです。

立浪 それは、うらやましい。

菊池　あ、ちょっとはありました（笑）。プロに入ってからは、キラ（・カアイフエ）がファーストに入ったときに、イップスになりかけましたね。普通の送球を上からつかみにいったり、上に伸びれば十分捕れる送球をまったく伸びてくれなかったり……。そうなると、いい送球をしないといけないと、変なプレッシャーになってしまって。

立浪　わかる。どんな送球でも捕ってくれるファーストがいると、二遊間やサードなどは、気持ち的にもラクになる。逆に、ファーストの捕れる範囲が狭いと、「ちゃんと投げないといけない」と慎重になって、微妙におかしくなるんだよね。

菊池　（ブラッド・）エルドレッドはうまいですね。まず、「的」が大きいです。少しそれた送球でも目いっぱい伸びてくれるので、安心して投げることができます。「だいたい、あのあたり」で投げていても、捕ってくれますから。

立浪　わかるわ。あと、15年の契約更改のときに「両ヒザの靭帯《じんたい》を損傷していた」という報道が出ていてちょっと気になったんだけど、状態はどんな感じなの？

菊池　15年に関しては、5月にヒザを痛めてしまってから、自分の中ではまったく動けませんでした。バッティングもヒザが回らなくて、全然ダメでしたね。ヒザは、もう普通の状態にまで戻っています。

立浪　バッティングは、もう少し重心を落としてもいいような気がするけど、ヒザの状態もあったということか。これだけ動く菊池にとっては、ヒザ、足首、腰が命。二塁手の補殺記録もまだまだ更新したいでしょう？

菊池　初めは全然知らなかったんですけど、こうやって報道されるようになってから、1つの目標になりました。15年はやっぱりヒザの影響もあって、ダメでしたけど……（15年＝484補殺）。これまでスポットライトが当たっていなかった記録なだけに、よけいに興味がわきます。今は、1位（14年＝535補殺）、2位（13年＝528補殺）ともに僕の記録なので、16年が終わるときには、1位から3位まで自分の名前で埋めたいですね（現在の3位は、1955年に坂本文次郎《ぶんじろう》選手がサードで作った522補殺）。

立浪　これまで、「補殺」が注目されることなんて、なかなかなかったでしょう。こういうところからも、菊池のすごさを感じるわ。また、菊池にしかできない、とんでもないスーパープレーを期待しているよ。

菊池　はい、ありがとうございます！

立浪　こちらこそ、今日は楽しい時間をどうもありがとう。

第3章　二遊間「各論」：遊撃手を極める

「うまいショート」の条件

第2章のセカンドに続いて、第3章ではショートについて取り上げたい。セカンドとの違いも確認しつつ、進めていこうと思う。

読者のみなさんは、ショートというポジションにどのようなイメージをいだくだろうか。「内野の要《かなめ》」「三拍子《さんびょうし》揃《そろ》った選手が多い」「とにかく肩が強い」という言葉が浮かぶ人が多いかもしれない。メジャーリーグでは、「ショートを守るのは、ピッチャーよりも身体能力が高い選手」という評価もあるほどで、野手の花形ポジションとして認められている。

ひと昔前、メジャー通の日本人によく知られていたのが、「史上最高のショート」とも言われるオジー・スミス選手（元セントルイス・カーディナルスなど）だろう。アクロバティックなプレーと確実性を兼ね備えた、鉄壁のショートだった。なんと、メジャーリーグにおいて、13年連続でゴールドグラブ賞を受賞している。

日本から中島宏之《なかじまひろゆき》（旧登録名：裕之《ひろゆき》／現オリックス・バファローズ、元埼玉西武→オークランド・アスレティックス3A）、西岡剛《つよし》（現阪神、元千葉ロッテ→ミネソタ・ツインズ）ら、ショートで活躍した選手がメジャーに挑戦しているが、結果を出せなかったり、セカンドへの転向を余儀なくされたりと、いまだショートのレギュラーとしての成功例はない。それだけ、メジャーのショートには能力の高い選手が揃っていると考えていいだろう。

16年現在、日本を代表する大型ショートと言えば、坂本勇人選手の名前が挙がる。打力はもとより秀《ひい》でたものがあったが、30ページでも触れたように守備もレベルアップしている。彼ならあるいはという気もするが。

前章では「うまいセカンド＝ボールを早く放せる選手」と定義づけたが、ショートの場合はどうか。私の考えは「うまいショート＝深い位置を守れる選手」だ。今でも覚えているのが、現役時代は阪急ブレーブス（現オリックス）で守備の名手として活躍し、私がドラゴンズでショートをやっていたときに守備コーチをされていた大橋穣《ゆたか》さんの言葉「後ろに守れ！」だ。大橋さんは、1972年から7年連続でショートのダイヤモンドグラブ賞（現ゴールデングラブ賞）を獲得した守備職人。さすがに、現役時代は見ていないが、コーチとしての指導時に見せるちょっとした動きの中にも、名手の雰囲気があった。この大橋さんのアドバイスどおり、できるだけ後ろに守ることを心がけていた。そして、この位置から「斜め前45度」のイメージで打球に対して切り込んでいく。後ろに下がってしまったら、アウトは取れない。遊撃手の「遊」の字ごとく、自在に動けるのがショートの醍醐《だいごみ》味だ。

ただし、「後ろに守る」のは簡単ではない。ショートの心理として、まず働くのが、「ゆ

攻守ともに光る大型ショートとして、巨人でも侍ジャパンでも活躍する坂本勇人選手。

るい打球が来たときに、一塁で刺せるのか」ということ。とくに、ボテボテながらサードがカットインしても捕れない打球などをイメージすると、フットワークに自信がなければ、深くは守れない。もちろん、三遊間の深いゴロを一塁で刺せる強い肩も不可欠だ。捕ったとしても、ファーストまでワンバウンドスローとなると、プロのレギュラーのショートとしてはどうか。見せ場のプレーでしっかりとアウトに仕留めてこそ、プロと言える。

私の場合は1年目に右肩を痛めて、送球に不安があったことで、セカンドに回った。プロとしての体がまだできていなかったこともあるが、ショートは投げる距離も長く、回数も他ポジションより多い。それだけ、肩にかかる負担が大きいのだ。

だからこそ、足を使って捕り、足を使って投げることを体に染《し》み込ませておきたい。長くショートとして活躍するには、ここに尽きる。足が動かなければ、ショートとしては厳しく、「守備範囲=足がどれだけ動くか」といっても過言ではないだろう。

ショート再復帰の狙いは、アグレッシブな動きの復活

セカンドも足を使うことに変わりはないが、ファーストまでの距離が近い分、「捕ればアウト」の気持ちが強い。セカンドに慣れてくると、ショートのときほど足を使わなくて

もアウトが取れるようにもなってくる。

自分では覚えていないのだが、過去の記録を振り返ってみると、94年の8月にショートのスタメンに名をつらねている。どうやら、3年ぶりのショートだったようだ。当時の雑誌の記事によると、「セカンドに行って、小さくまとまった。輝きを取り戻してほしい」という首脳陣のコメントが添えられていた。確かにこの時期は、バッティングで結果を残せていなかった記憶がある。首脳陣としては、かつてのショートを守ることでの気分転換や、足を使ってアグレッシブにプレーしてほしいという狙いがあったのだろう。

また、足の衰えを防ぐためには、短いダッシュをすることも大切になってくる。シーズンに入ると走る量が落ちていくが、アップでの1本1本のダッシュにしっかりと取り組む。シーズン中もトレーニングを行うことで、体のバテを抑えることができる。アスリートにとって、走ることはなによりの基本。全力で走れないようになると、プレーのパフォーマンスも当然落ちていく。

解説者としてプロ野球を見るようになって、ショートに限らず、若い選手の起用法に関し、ちょっと気になるところがある。若手は短期間にいい結果が出たとしても、30〜40試合と重ねていけば、必ず疲れが出てくる。相手にデータを分析され、弱点を突かれるという理由もあるだろう。ここで、我慢強く起用するか、ほかの選手にかえるかは首脳陣の考えで違ってくるところだ。最近は後者のほうが多いような気がする。

それぞれのチーム事情があるため一概には言えない部分もあるが、疲れている状態でも試合に出続けることによって、「シーズンを戦うには、もっと体力が必要。これからは、トレーニングにも力を入れなければいけない」と実感できるもの。それが、すぐに交代となると、その実感がどうしても薄くなってしまう。

私は1年目に、バテバテになりながらも、110試合出場という貴重な経験をさせてもらった。途中から数字は落ちてしまったが、1年間出続けたことで、どれだけの体力が必要かがよくわかったものだ。

ショートは「一歩目」で勝負が決まる

ショートにとっての命は、「一歩目」と言っても過言ではない。これは第1章でもお話ししたが、本章ではより詳しく解説したい。

スタートが良ければ、ギリギリのショートバウンドがパパンとグラブに入るもの。深く守るショートほど、一歩目が遅れてしまうと、ファーストで刺せなくなってしまう。経験上、スタートが遅れることによって、バウンドが合わないことも多かった。

「テニスのサーブを待つ姿勢」とすでに説明したが、重心が低すぎるとかえって一歩目が遅れてしまうものだ。自然体に構え、歩きの動作の中でタイミングをとっていく。右足↓左足で合わせる選手もいれば、左足↓右足の選手もいる。これは、正解があるわけではなくて、自分がやりやすいほうでいいだろう。

大事なことは、足の裏をベタッとつけないことだ。つま先側に重心をかけて、意識を前側に置いておく。スポーツをやるうえで、かかとに重心が乗っていい結果につながることはほとんどない。ピッチャーはかかと重心になると、頭が背中側に倒れ、バランスを崩《くず》しやすい。バッターもかかとに体重が乗ってしまうと、外のスライダーにお手上げ状態となる。

ショートのポジショニングは、セカンドよりも、いくらかシンプルに考えることができる。セカンドでは、右バッターがインコースをライト方向に打つことに戸惑ったが、ショートにはこのような打球がほとんどなかったからだ。具体的に言えば、左バッターがインコースをおっつけて、三遊間を抜く当たりはほとんどない。最近では、36ページで触れたように、鳥谷敬選手や川端慎吾選手、秋山翔吾選手らがこのような技術を見せるが、左バッター全体ではまれと言える。

すなわち、左バッターのインコースだとわかれば、意識を二遊間方向に向けておく。三遊間側はあまり考えなくていい。この意識を持つだけで、一歩目のスタートが変わってくる。

オーソドックスなショートの守り方としては、ストレートが速いピッチャーであれば、右バッターのときは二塁ベース寄り、左バッターは三遊間寄りに守る。速いストレートを引っ張れないという判断からだ。ただし、変化球の場合はスピードが落ちる分、バッターが待ちきれずに引っ張り方向に飛ぶことがある。だからこそ、投げる球種、コースをあらかじめ知っておくことが大事になるのだ。右打者・左打者別、配球・球種別などの考え方は、33ページから記しておいた解説も、改めて参考にしていただきたい。

セカンドとショートは、キャッチャーからのサインが見え、ピッチャーが投じるコースもわかる。さらに、バッターのタイミングが合っているかどうかも感じることができるため、打球の予測をしやすいポジションと言える。合っているとわかれば、「強い打球が来そうだな」と、逆にストレートに差し込まれていれば、「ボテボテの弱い当たりが来るかもしれない」と、準備ができるわけだ。

ただ、私の場合は、定位置から2~3歩動くぐらいだった。あえて極端に守って、明らかなヒットをアウトにする選手もいるが、私は基本的に「アウトにできる打球は、確実にアウトにする」という考えだ。定位置付近に飛んだ打球にもかかわらず、そこにショートがいなくてヒットや内野安打、あるいはダブルプレーなどを完成させられなかったとなれば、ピッチャーはがっくりきてしまうものだろう。定位置に守った中でも、バッターの打率は良くて3割だ。

よっぽど極端な打球方向のデータがない限りは、大胆な位置どりはしないようにしていた。ショート時代にセカンドベースの後ろあたりまで動いて守ったことが何度かあるが、そのときのバッターは87年に39本塁打でホームラン王に輝いたリチャード・ランス選手(元広島)。翌88年が、私のデビューイヤーとなる。

左打ちのランス選手は、打球の8～9割がライト方向に飛ぶという、典型的なプルヒッター。打率は高くなく、三振も多いタイプだった。これぐらい傾向がはっきりしていれば、大胆なポジショニングを敷くことができる。

余談であるが、守備につくとき、その定位置付近のグラウンドの状況を見れば、相手チームの選手がどこを守っているかわかるものだ。深く守っているショートは、やはり気になる。ただ、名手と言われる選手に共通していたのは、守っているはずのグラウンドが荒れていないということ。常に地面をならしていて、イレギュラーに細心の注意を払っていた。私も、土のグラウンドでは、プレーの合間《あいま》に手でならすようにしていた。

それと、グラウンドに対する配慮がよくわかるのが、アウトを取ったあとのボール回しのとき。人工芝の球場で、守備にこだわる選手ほどベース回りの土部分に足を踏み入れない。イレギュラーしないための配慮だ。宮本選手はこのあたりの気配りが素晴らしかった。

PL学園では著者の1年後輩にあたる宮本慎也選手。守備を語るうえでは外せない職人だ。

逆シングルでも「正面」を意識する

プロ入り1年目、当時の守備コーチから、「三遊間のゴロは、逆シングルで捕ってもいい」とアドバイスを受けた。私が在籍したPL学園高校での教えは、「三遊間ギリギリでも、できるだけ足を使って正面に入る」というもの。その教えが体に染みついていたため、プロに入ってからも同じ意識でプレーしていたのだ。守備コーチの指導を受けてから、少しずつ臨機応変に考えていった。足を使うという基本は認識しつつ、ギリギリになる球際は逆シングルで入る。ファーストに投げることを考えたときに、逆シングルのほうがスローイングの体勢に移りやすいからだ。

逆シングルでの注意点は、「正面はどこか」ということ。私も、これまで「正面」という言葉を使っているが、逆シングルにも正面は存在する。それは、「ヘソの前＝正面」という考えだ。体の右側の打球を逆シングルで捕りにいったとしても、体を90度右にひねって、ヘソをボールに向ければ、これも正面。ヘソとグラブの向きを合わせるのがポイントとなる。こうすれば、必然的に目でボールをしっかりと見られる。

逆シングルでミスをすると、どうしても横着《おうちゃく》しているように見えて、「雑なプレーをするな！」と首脳陣に言われてしまう。横着に見えるのは、正面で捕っていないからだ。

第2章では、ハーフバウンドの対応として、「半身になって、ボールとの距離をとる」と説明したが（49ページ参照）、半身でも正面の意識は必要。グラブだけで捕りにいくのではなく、ヘソを向けること。この動きによって、捕球のミスが減っていくはずだ。

ショートでのステップは、早く大きく

ステップの重要性は、セカンドもショートも同じ。違う点があるとすれば、セカンドは小さくステップすればいいが、ショートは投げる距離が長いので、強く投げる必要があるため、少し大きめにステップする。捕球後に、軸となる右足の内側のくるぶしをファースト方向に向け、「ポン」と大きく出す。私が意識していたのは、捕球後の握り替えと右足のステップを同時に行うこと。タイミングを合わせることで、上半身と下半身がかみ合ってくる。

そして、素早く投げたいときは、握り替えを早くしようとするのではなく、軸の右足のステップを早くする。下が動けば、上もそれにつれて動いてくる。これは、キャッチボールのときから意識してほしい技術だ。キャッチボールの最後に、短い距離で素早く投げ合う「ケンカボール」を入れているチームは多いだろう。「早く投げよう」と思うと焦《あせ》りが

ちだが、ステップを意識してみるのも1つの方法と言える。

ショートのステップで難しいのが、バックステップだ。二塁ベース側の打球を捕ったときに、どうしてもバックステップにならざるをえない。どうしても、動きながら捕球をして、体勢が整っていない中で投げなければいけない場合が多い。

このようなときは、左肩を投げたい方向にしっかりと向けること。一瞬でもいいので、左肩を向けることによって、コントロールが定まっていく。通常の打球であれば、軸足の内側のくるぶしを投げる方向に向けるのがカギとなるが、バックステップの場合は軸足で方向を決めるのが難しい。そのため、左肩が大事なポイントとなっていく。

ピッチャーを見ていても、前の肩が投げたい方向に向いているとコントロールがいいことが多い。私が現役時代ともにすごしたドラゴンズのチームメイトでは、山本昌《まさ》投手や川上憲伸《けんしん》投手、吉見一起《よしみかずき》投手らがお手本のようなフォームをしている。

ショートに必要なカバーリング

ショートはセカンドに比べると、バックアップやカバーリングの機会は少ない。それでも、常にまわりに目を配り、ベースカバーが必要な場所を見ておかなければいけない。

カバーリングで最も多いのが、外野からのバックホームにともなう動きだ。例えば、ランナー二塁でセンター前ヒット。ショートとセカンドの両方が追っても、打球に追いつけなかったとする。このときはファーストがマウンド付近でカットマンとなり、ショートとセカンドのどちらかが二塁のベースカバーに入る。たいていは、二塁ベースに近いほうがカバーに入ることが約束事になっている。ここのカバーを忘れてしまうと、打者走者が二塁を狙うプレーへの対応が遅れてしまう。

また、ランナー二塁でレフト前ヒットとなると、サードがカットマン、ショートが三塁ベースカバーに回る（逆の場合もある）。速い打球の場合、二塁ランナーはいったん三塁ベースをオーバーランして、内外野の守備の状況を見ながら三塁に戻ることが多い。このときにショートが三塁ベースにいれば、7→5→6（または7→6→5）と転送して、オーバーランの走者を刺せる可能性もあるのだ。このように、基本的に「ベースはあけない」「近くにいる選手がベースカバーに入る」というのが鉄則となる。

バックアップで忘れがちなのが、投球中のピッチャーへのキャッチャーからの返球に対する動きだ。ランナーがいるときは、セカンドかショートのどちらかが必ずマウンドのピッチャーの後ろに入る。万が一、キャッチャーからの返球がそれると、ランナーに進塁を許してしまう場合があるからだ。

このようなプレーは、1年で一度あるかないか、いや、3年に一度ぐらいだろうか。しかし、ここでバックアップに入ることは、内野手の習慣でもあり、アマチュア時代から染みついていること。1つのリズムにもなっている。

ほかのポジションの話をすれば、ピッチャーが一塁牽制《けんせい》をしたあと、ファーストからピッチャーの返球に対して、サードは必ずバックアップに入っている。三塁牽制の場合は、5→1の延長線上にファーストが入る。長く野球人生を送ってきたが、プロ野球レベルにおいて、ここで返球ミスが起きたことなど記憶にない。それでもバックアップに入る。

こんな見方もできる。セカンド、ショートなど内野手の心理として、常に足を動かしてリズムを作っておきたいという思いがある。打球が飛んでこない試合はまれにあるもので、終盤まで1球もさばいていないなんてこともありうる。そんなときこそ、バックアップやアウトのあとのボール回しで、リズムを作っておく。

打球をさばいてアウトにすることだけでなく、過剰に思えるようなバックアップなどの動きも含めて、二遊間の重要な仕事なのだ。

特別対談 PartⅡ

今宮健太 × 立浪和義

「ショート目線」のプロフェッショナル二遊間論

「ショート・今宮流」グラブのこだわり

「このグラブ、芯《しん》がすごくしっかりしている」——立浪
×
「坂本勇人さんモデルのグラブです」——今宮

立浪　今日はわざわざ、ありがとう。

今宮　どうぞよろしくお願いします。

立浪　今、年齢は？

今宮　２０１６年の誕生日（7月15日）で25歳です。

立浪　まだまだ若いなぁ。高校時代は、甲子園でピッチャーをやっていたよね。速い球を投げていた印象があるけど、最速はどれぐらいだったの？

今宮　はい、１５４キロですね。

立浪　すごいなぁ。俺が、プロでショートをやっていたときのことなんて、知らないでしょう？

今宮　すみません……。

立浪　何年生まれになるのかな？

今宮　1991年です。

立浪　俺がプロに入ったのが88年だから……、今宮はまだ生まれてないか。そりゃ、知らないよね(笑)。

今宮　立浪さんは、二塁打をたくさん打っていた印象が強いです。

立浪　それは、ありがとう！　いちおう、二塁打の日本プロ野球記録（487本）を持っているからね。ちなみに身長はいくつ？

今宮　171センチです。

立浪　俺のほうが2センチぐらい高いか。このぐらいの身長のほうが、二遊間は小回りが利いて動きやすいよね。

今宮　そう思います。

立浪　じゃあ、本題に入ろうか。テーマは、「ショート目線の二遊間守備論」。プロ入り2年目（12年）からショートのレギュラーとなって、3年目から3年連続（13～15年）でショートのゴールデングラブ賞を受賞。これだけの実績を持っている選手が、ショートの守りについてどんなことを考えているかを聞かせてもらえると助かります。

今宮　こちらこそ、よろしくお願いいたします。

立浪　さっそくだけど、今使っているグラブを見せてもらっていいかな？

今宮 はい。このグラブは、実は僕自身のモデルではなくて、同じショートの勇人さんのなんですよ。同じメーカーだったんで使わせてもらってます。

立浪 勇人ってジャイアンツの？

今宮 ええ、坂本勇人さんです。

立浪 へぇ。どういうきっかけで？

今宮 15年、グラブはミズノさんにお世話になっていたんですが、担当の方から「こういう型はどう？」と、勇人さんのグラブが回ってきたんです。

立浪 自分でもオーダーはしていた？

今宮 はい、していました。ただ、なかなかしっくりくるグラブがなくて……。そのときに、勇人さんのグラブに出会いました。グラブには、勇人さんの名前も刺繍《ししゅう》されたままなので、本音を言えば、使いたくなかったんですけどね(笑)。

立浪 確かに、坂本の名前が入ったままだな(笑)。

今宮 これ以上のいいグラブと出会えなかったので。

立浪 もしかしたら、坂本も知らないかもしれない？

今宮 いえ、いちおう、「使ってもいいですか？」と、ご本人から許可をもらいました。

(立浪、グラブをはめてみる)

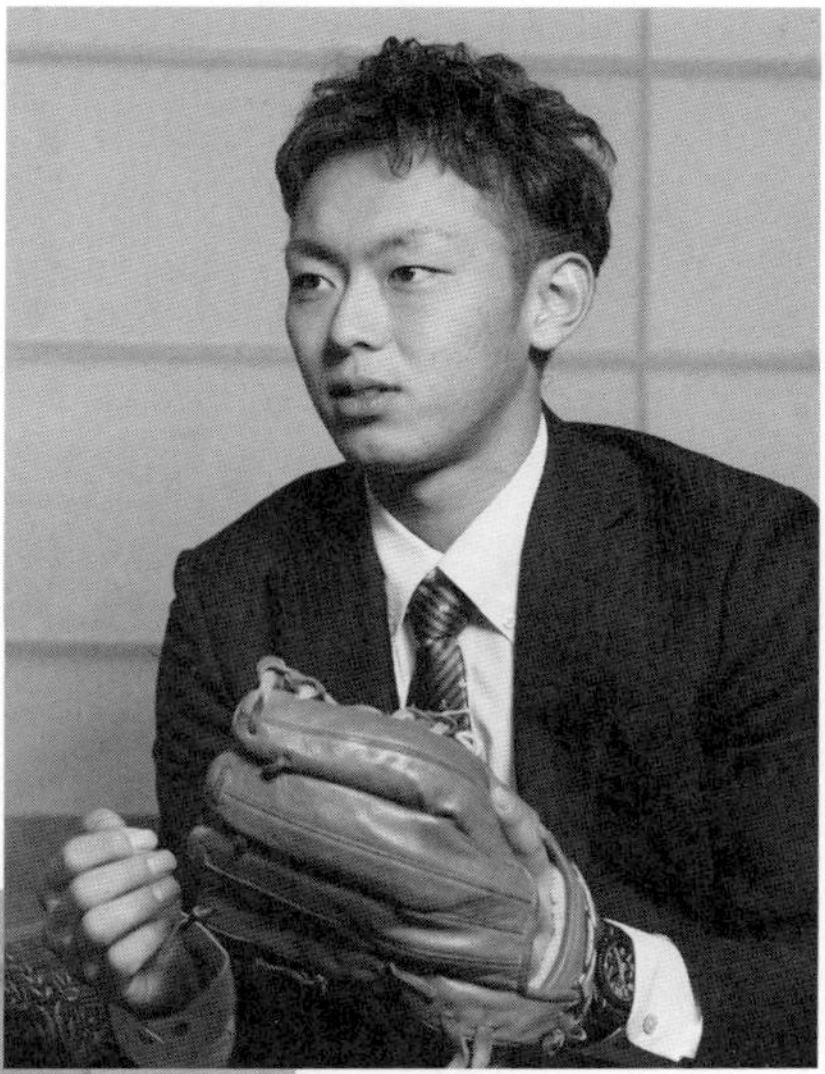

著者と今宮健太選手とでは、22歳の年齢差があるが、同じゴールデングラブ賞の獲得歴を持つ二遊間ということで、通じ合う話題も多い。

立浪　このグラブ、すごく芯《しん》がしっかりしているな。なんでこんなに硬いの？

今宮　もともと、譲ってもらったときから、硬くてしっかりしていました。そこがいちばん気にいっていて、僕にとっての完璧《かんぺき》なグラブです。

立浪　宮本（慎也）のグラブもはめてみたことがあるけど、芯がしっかりしていたなぁ。当たり前だけど、うまい内野手のグラブは型がいい。

今宮　このグラブも、パッと手を入れた瞬間に、フィット感がありました。

立浪　フィット感は大事だよね。少しでも遊びがあると、手によけいな力が入ってしまう。俺の場合は、グラブにボールが入ったときにウェブ（グラブの親指と人差し指のあいだの網《あみ》の部分）のほうに逃げていかない型を求めていた。中にはあるんだよね。捕ったと思っても、グラブから球が浮いてしまうのが。それだと握り替えが遅くなってしまう。

今宮　はい、わかります。

立浪　これはミズノのグラブだけど、最近のミズノは重心が親指側にいっているグラブが多くない？

今宮　僕は親指の感覚を大事にしているので、合っているグラブですね。親指がゆるいと、不安に感じてしまいます。

立浪　ヒモを替えながら、使っている感じがあるね？

今宮　でも、そのヒモが切れてしまったんです。

立浪　いつ？

今宮　15年の日本シリーズです。東京ヤクルトの上田（剛史《つよし》）選手の打球に飛びついたときに、ウェブのところのヒモが切れてしまったんです。残念ですけど、これはもう使えないですね。

立浪　ヒモを替えても、もうきつい感じがあるよね。

今宮　そうですね。また新しいグラブをさがさないといけません。

立浪　井端（弘和）のグラブは、はめたことある？　いい型をしているよ。

今宮　実はプロの世界に入ってから、最初に出会ったのが中日時代の井端さんのグラブだったんですよ。

立浪　そうなの？

今宮　当時、元中日の鳥越《とりごえ》（裕介《ゆうすけ》）さんが福岡ソフトバンクの二軍監督をやっていた関係で（現在は、同チーム一軍内野守備・走塁コーチ）、井端さんがファームにいたときに、そのグラブをいただくことができたんです。しばらく、ずっと使っていましたね。だからまだ、自分で作った型のグラブがほとんどない状態で……。

立浪　なかなか求めている型には出会えないもの。革《かわ》は生き物だから、オーダーと同じ型であっても、なにか感覚が違うときがあるしね。

今宮　本当にそう思います。

立浪　ところで、グラブから人差し指は当然、出しているよね。

今宮　はい、高校のときから出すのが当たり前になっています。

立浪　俺がいたPL学園高校の場合は、ダメだったんだよなぁ。中村（順司《じゅんじ》）先生の教えで、「5本指でしっかりと捕りなさい」って言われていて。人差し指を出すようになったのは、俺はプロに入ってから。

今宮　そうなんですか。

立浪　でも、タッチプレーがあるようなときは、スパイクされる危険があるので、あらかじめ人差し指を出さないようにしている場合もあったな。盗塁とかね。

今宮　それは、自分もわかります。

立浪　怖《こわ》さがある。

今宮　ありますね。以前は、盗塁がありそうなときには、僕もグラブの中に入れるようにしていました。

立浪　守備のときに、手袋はしているの？

今宮　ゴム製の手袋をしています。

立浪　俺は、いちいちはめるのが面倒で素手《すで》でやっていたな。
今宮　自分は、手汗がハンパなくて。
立浪　なるほど、汗をかく人はしたほうがいいね。

キャッチボール論

「捕って、右足にためて、投げる」――今宮
×
「長くショートで生きていくためには、下を使って投げる」――立浪

立浪　鳥越コーチの名前が出てきたけど、教わってきたことも多いの？
今宮　はい。もう、100パーセントですね。
立浪　鳥越はドラゴンズの後輩だからね。あいつが明治大学からドラゴンズに入団してきて（93年オフのドラフト逆指名で入団）、ショートの守備を見た瞬間に、「外野に行け！」と言ったんだけどな（笑）。
今宮　そうなんですか（笑）。
立浪　でも、不格好だけど、スローイングは良かった。安定していたね。
今宮　はい、鳥越さんも、「俺は、スローイングは良かった。スローイングは絶対だ！」

とおっしゃっていました。

立浪 実際にどんな教えを受けたの？

今宮 僕が10年にソフトバンクに入団したときの二軍監督が鳥越さんでした。まずは、人間としての基礎ですね。ほんとに基礎中の基礎を教わりました。

立浪 例えば？

今宮 あいさつや礼儀からです。僕は高校時代、厳しい監督のもとでやってきたんですけど、それでもなにもできていなくて……。

立浪 大事なところやね。

今宮 一軍に上がるまで、鳥越さんから名前で呼ばれたことがなかったんです。いちばん多いのが「オイ！」で、あとは「2番！（背番号）」とか。

立浪 鳥越サン、厳しいねえ（笑）。まだまだ、認めていないよと。

今宮 今、振り返れば、そうだったんだと思います。

立浪 最近は？

今宮 2年目（11年）に一軍に呼ばれたときに、鳥越さんは一軍の内野守備・走塁コーチになっていたんですけど、そのときに初めて「健太！」と呼んでもらえました。感動でしたね（笑）。

立浪　当時、名前を呼んでもらえなかったのは、今宮だけ？

今宮　いや、ほかの選手のことはわからないですね。

立浪　でも、それだけ期待していたんだろうね。一人前のショートに育てないといけないって。技術的にはどんな教えを受けた？

今宮　初めは、キャッチボールですね。キャッチボールだけ、めちゃくちゃやっていました。「特守」のときでもキャッチボール。入団当時から、スローイングが良くなくて、ただ力強く投げるしかできなかったんです。本当に「イップスになるんじゃないかな」っていうところぐらいまでいきました。投げたら全部、ショートバウンドになったりして、「なんなんだろう……」と悩んだときもあって。どうやって投げたらいいのか、全然わからなかったです。

立浪　それは相当悩んだね。キャッチボールで大事にしていたことは？

今宮　しっかりと右足にためてから、相手の胸に愛情持って投げること。「捕って、投げる」ではなくて、「捕って、右足に乗って、投げる」を意識するようになりました。それまでのキャッチボールは、「肩を作るため」と考えていたんですけど、鳥越さんに教わって一緒にキャッチボールをやったりするようになってから、少しずつ良くなっていき、だいぶ変わっていったと思います。

立浪　バッティングと同じだね。軸足に乗ることで間《ま》を作る。間がないと頭が突っ込んでしまって、ヒジが上がらない状態で投げることになるから。「右足に乗る」というのは、今も意識しているところ？

今宮　はい、入団当時と比べれば、今は自然にできるようになっています。

立浪　高校のときにピッチャーをやっていて、投げる力はあったと思うんだけど、コントロールはどうだったの？

今宮　悪くはなかったと思いますし、投げる強さはあったと思います。でも、投げることの基本ができていませんでした。それができたら、もっと強い球を投げられる。それまで100パーセントの力で「ぐわっ！」と投げていたのを、下半身を使えるようになれば、80パーセントや70パーセントの力でいけるんじゃないかなと。

立浪　なるほど。今宮を見ていて思うのは、ショートからのスローイングがほとんど全力でしょう。長くショートで生きていくためには、もっと下を使って、軽く投げられるようになればいいかなと感じる。今はわからないと思うけど、30歳を過ぎると肩は衰えてくる。どんなに肩が強い選手でもそう。でも、若いときに足を使って投げることを覚えておけば、足でカバーできるようになるから。俺はプロに入ってすぐに右肩を壊してしまったから、ショートをやっているときは、それができなくて……。

今宮　そうですね、それは自分でも感じていて、ちょっとずつ段階を踏んで覚えていきたいと思っています。15年に関しては、何十球かファーストに軽く投げてアウトにできたことがあったんですけど、少しでも不安があると、どうしても力を入れて、全力で投げてしまうんです。

立浪　軽く投げて、フワッという球でアウトにできるといいよね。全力で投げるのは、誰にでもできるけど。

今宮　14年のクライマックスシリーズで、ちょっと置きにいってしまったら、悪送球になりました（対北海道日本ハム第2戦。1点リードの6回表の守備で、二死二、三塁から陽《よう》岱鋼《だいかん》のショートゴロを一塁へ悪送球。タイムリーエラーで逆転され、そのまま第2戦を落とす）。それが今も頭から離れなくて、「やっぱり力いっぱい投げれば良かったな……」って。まだ、どうしても軽く投げることに苦手なイメージがあります。

立浪　エラーすると、よけいに頭に残るからな。そこは、これからやね。

今宮　自分に余裕ができてきたら、次はそこにいきたいですね。

立浪　せっかくいいショートが出てきたから、できるだけ長く続けてほしい。

今宮　ありがとうございます。

立浪　でも、本人がスローイングのことをしっかり考えているようで良かったよ。

ショートの捕球論

「足を使って捕り、足を使って投げる」――立浪
×
「基本ができてからの応用だと思っています」――今宮

立浪　捕球に関しても教えてもらえるかな。鳥越コーチからはどんな教えを受けたの？

今宮　初めはノックを打ってもらうことはほとんどなかったです。手で転がしたボールを、腰を低くして捕ることの繰り返しでした。もう、それぱっかりやっていました。腰を落として、股《また》を割って、グラブを開いて捕る。捕るときはボールをつかむのではなくて、卵を捕るように優しく包み込む。地味ですけど、下半身強化も含めて、守備の型を作っていきました。

立浪　やっぱり、プロの世界でも、まずは基本から。アマチュアの選手に、ぜひ知っておいてほしいことだね。

今宮　基本ができてからの応用だと思っています。

立浪　本当にそのとおり。キャンプを見ていても、手で転がしたゴロを捕る練習は、うまい選手ほどよくやっている。簡単なゴロをいかに基本どおりに捕れるか。プロだから派手なプレーが目につくかもしれないけど、そのもとになっているのが基本の反復練習だから

ソフトバンク内野陣をリードする今宮健太選手(左)。セカンド・本多雄一選手との息も上々。

ね。実際に捕るときに、グラブの出し方はどんなところを大切にしている?

今宮 僕が意識しているイメージは「三角形」です。

立浪 三角形?

今宮 はい、両ヒジとグラブで三角形を作る。右手はグラブの横に少し添える感じです。

立浪 捕球のときに、薬指の意識はある?

今宮 あります。急がないといけないプレーでは、薬指側で打球を捕る感じです。そのほうが握り替えが早いので。だから、グラブを作るときも、ポケットが2つあるのが理想です。

立浪 人差し指のほうと、薬指のほうの2つ。それは、同じ内野手としてよくわかる。

今宮 15年に使っていた勇人さんモデルのグラブには、2つのポケットがありましたね。

立浪 逆シングルはどう考えている? 三遊間の深いゴロに対する守りは、ショートの見せ場と言われるけど。

今宮 今は三遊間の打球に対して、正面に入って、正面で捕ってしまうクセがあります。15年も正面に入ったために、一塁内野安打になったことが何回かありました。ゆくゆくは逆シングルで捕って、そのまま投げにいきたいと思っています。

立浪 正面に入ることも決して悪いことではないけどね。さっき、自分でも言っていたとおり、「基本ができての応用」。若くて足が動く今だからこそ、足を使って捕りにいき、足を使って投げること。これが、内野手の基本だと思うね。逆シングルは、ハンドリングの練習だけしておけば、なんとでもなるから。

今宮　はい、自分も正面で捕ることができてからの逆シングルだと考えています。

試合で大切にしていること

「一歩目のスタートに、とにかく集中しています」——今宮
×
「ショート、セカンドは、打球の予測がつけやすい」——立浪

立浪　試合の中で、ショートとして気をつけているのはどんなところ？

今宮　一歩目のスタートですね。一歩目に対する集中力。スタートが良くなかったために、あと少しの打球が捕れなかったというのがいやなんです。スタートだけにとにかく集中しています。143試合、そこだけは絶対に手を抜かないようにと思っています。

立浪　やっぱり、一歩目か。ショートやセカンドだと、キャッチャーのサインや構えが見えるし、バットの軌道もわかる。打球の予測はつけやすいよね。とくに、コントロールがいいピッチャーは、一歩目の反応がしやすい。

今宮　はい、飛んでくる方向をイメージしやすいです。

立浪　守りやすいピッチャーはいる？

今宮　ソフトバンクだと、大隣《おおとなり》（憲司《けんじ》）さんが守りやすいです。コントロールがいいので。

立浪　ポジショニングはどんな考え？

今宮　15年は、鳥越さんからも「思いきって、自分の考えでやってみろ」と言われていたので、ある程度は打球方向のデータを入れながらも、自分の感覚を大事にしていました。

立浪　データはあくまでもデータ。経験から来る「感覚」も大事にしてほしいね。守りづらいバッターはいた？

今宮　外国人は、守りづらいです。打球が汚いというか（笑）。「ぐわっ！」と強くバットを振ってくるので、回転がシンプルじゃないんですよね。

立浪　それはよくわかる。オーバースピンをしていることが多くて、土だとイレギュラーしやすい。俺も外国人の振ってくるバッターはいやだったな。

今宮　人工芝でも、外国人の打球は速いですね。ただ、外国人でもタイプがあって、（ウィリー・モー・）ペーニャ（15年まで東北楽天）の打球はきれいな回転なんですけど、（エルネスト・）メヒア（埼玉西武）の打球は回転が汚くて、本当に捕りづらいです。

立浪　守備位置も後ろに下げたり？

今宮　はい、外国人のときは思いきり下がっています。

立浪 守備位置は、今のプロ野球のショートの中でいちばん深く守れているんじゃない？

今宮 肩には僕なりに自信を持っているんですが、スローイングに不安があるときは、なかなか後ろに守りきれないです。近いほうが、やっぱり安心感がありますね。

立浪 そう考えると、スローイングは本当に大事だね。スローイングに自信があるかどうかで、守備位置も変わってくる。

今宮 これから、もっとスローイングを磨いていきたいです。

立浪 球場によっての守りやすさ、守りづらさはある？　ソフトバンクは毎年、北九州市民球場を使っているけど、あの球場は土のグラウンド。人工芝のヤフオクドーム（福岡ヤフオク！ドーム）と違う難しさもあるんじゃない？

今宮 ありますね、シーズン中はほぼ人工芝でやっているので、土のグラウンドになると神経をつかいます。人工芝は基本的にイレギュラーがないので、土に比べると精神的にラクな面はあります。

立浪 ＱＶＣマリンフィールドの風は？

今宮 やっぱり、守りにくいですね。

立浪 千葉の場合はフライだよね。でも、後ろのフライには、相当な強さを持っているよね。

今宮 パンとフライが上がったときに、「だいたいこのへんに落ちるな」と感じて、そこに走っていくだけなんですけど、このあたりの感覚に関しては、わりと狂いはない感じでできていると思います。

ショートから見た「二遊間のコンビプレー」

「回転のいいボールを投げることが必要」――立浪

×

「愛情を持ってセカンドに投げる」――今宮

立浪　ショートと言えば、6-4-3や4-6-3など、ダブルプレーを含めたコンビプレーがある。ダブルプレーを取るために、どんなことを意識している？

今宮　6-4-3では、いかにセカンドが次のプレーに移りやすいところに投げてあげるか、ですね。速さもそうですけど、いかに愛情を持ってセカンドに投げるかを考えています。愛情なしに、いきなり「バン！」と投げても、セカンドは捕りづらいと思うんです。愛情を込めて、セカンドにボールを渡してあげる。

立浪　キャッチボールの話でも、「愛情」の話は出てきたけど、言いかえれば、「自分勝手に投げない」ってことかな？

今宮　そうですね。セカンドにトスをするにしても、ボールを見せてからトスをする。これだけで、セカンドの捕りやすさは違ってきますよね。このあたりは、ダブルプレーを取るために、気をつかわなければいけないところだと思っています。ショートの立場から言っても、セカンドに見づらいところからいきなりトスされると捕りづらいですから。結果的に、ファーストへの送球が遅れて、ダブルプレーが取れなくなります。

立浪　俺はショートやセカンドからいい回転のボールをもらえると、握り替えがパッとできた。悪い回転だと、こっちも握り替えが難しい。だから、投げるときは回転のいいボールを送ることを意識していた。そういう意味では、お互いの次のプレーを考えながら投げることが大事になるね。

今宮　自分も同じ考えです。

立浪　ソフトバンクは本多（雄一）や明石（健志）ら、セカンドを守る選手が複数いるけど、そのあたりで神経をつかっているんじゃない？

今宮　そうですね。本多さん、明石さん、川島（慶三）さん、高田（知季）さんという、主に4人と組ませてもらいましたが、守備位置に対する考え方や、投げ方、送球の回転まで、1人ひとり違います。

立浪　本当は二遊間を固定したほうがいいよな。

今宮　ただ、この4人に限っては、ある程度、僕の性格を知ってくれているので、試合での連係プレーのミスはほとんどなかったと思います。例えば、二遊間に飛んだときに、セカンドがスッと一歩引いて、僕に捕らせてくれたりとか。ぶつかったり、譲り合うようなことは一度もありませんでした。セカンドの先輩方には、感謝しています。

立浪　基本的にはショートが主導権を握っている？

今宮　そうですね。

立浪　組みやすいタイプのセカンドはいる？　若い今宮の立場から「誰が守りやすい」とは言いづらいと思うけど（笑）。

今宮　はい（笑）。でも、セカンドに誰が守っていても、ショートの僕が合わせていかないといけないと思っています。

立浪　さすがやね。サードには元気者の松田宣浩《のぶひろ》がいるけど、三遊間のコンビはどう？

今宮　もう、本当に頼もしいです。

立浪　守備がうまいし、声もでかいでしょ？

今宮　すごいです（笑）。クライマックスシリーズや日本シリーズになると、やっぱり緊張感があるんですけど、松田さんが大きな声で引っ張ってくれて、ものすごく助かっています。

立浪　ドラゴンズにあれだけの声を出す選手はいなかったわ。

今宮　松田さんも、緊張したり、ミスしたあととかは、あまりしゃべらなくなることもあるんです（笑）。そのときは、僕が話しかけたりするようにしています。

立浪　いいコンビやね。ソフトバンクのショートと言えば、川崎宗則《むねのり》（現シカゴ・カブス）も元気のある選手だったけど。

今宮　最初は川﨑さんみたいな選手になりたいって思っていたんですけど、あそこまでの元気の良さは無理なので……。自分は自分でまた違ったショート像を作りたいと思っています。

立浪　学生のころに、憧《あこが》れていたショートはいるの？

今宮　僕の憧れは、松井稼頭央《かずお》さん（東北楽天）でした。肩が強くて、もう、なんて言うんですかね、見ているだけで格好良かったです。

立浪　PL学園の後輩だけど、あいつも高校まではピッチャーだからね。肩の強さ含めて、今宮と稼頭央は少し似ているところがあるかもしれないね。

今宮　本当に、ショート時代の松井さんの守備は格好良かったですね。

立浪　稼頭央は40過ぎて外野に転向したけど、まだ現役で頑張ってる。今宮にもぜひこれから長い期間、ショートで活躍してほしいね。

今宮　はい、自分もショートにはこだわりがあります。これからもずっと、ショートをやりたいですね。

立浪　そのためには基本を大事にすること。あとは、バッティングかな（笑）。

今宮　間違いないです……。

立浪　打つことで、守りのリズムも生まれてくるでしょう。打つほうで結果が出ないと、「守らなきゃいけない」「エラーしたらいけない」という変なプレッシャーが出てきて、守りで攻めていけなくなる。文字どおり、気持ちも守りに入ってしまうんだよね。そうなると、大事にいって、一歩目が遅くなったりしやすい。

今宮　わかります。

立浪　15年は打率2割2分8厘か。バッティングの力ももともとはあるんだから、もっと打てるはず。それにバッティングは、実戦経験を積めば積むほど、配球を読めたりするようになる。バッティングが良くなれば、守備のリズムも良くなって、もっともっと積極的にいけるはずだよ。

今宮　はい、ありがとうございます！

立浪　こちらこそ、今日はいろいろと話してくれて、どうもありがとう。守備はスローイングがどう成長していくか、楽しみだね。これからの活躍を期待しているよ。

第4章　ダブルプレーの鉄則—ケース別完全対応—

ダブルプレーを取るための3原則

ここまでの章で記したセカンドとショートの違いや特徴を頭に入れていただいたうえで、本章では、二遊間の見せ場とも言える「ダブルプレー」について解説していきたい。セカンド・ショートには様々な連係プレーがあるが、試合の中での頻度《ひんど》や重要性などを考えれば、まずはこの話から入るのが自然だろう。

バッター1人で、一度に2つのアウトを取れるダブルプレー。守備側にとって、これほどありがたいプレーはない。日本語では「併殺」。相手2人を「併《あわ》せて殺す」だ。ちなみに、「ゲッツー」と言われることもあるが、これは「get two」から派生した和製英語という説が有力のようだ。意味は同じなので、本書ではメジャーリーグ、WBC（ワールド・ベースボール・クラシック）などの海外・国際試合でも使われる世界標準の用語「ダブルプレー（Double Play）」として表記していきたい。

プロ野球を見ていると、いとも簡単にダブルプレーを取っているように見えるかもしれないが、その中にはプロならではの高い技術が詰まっている。

どうすれば、ダブルプレーがうまく取れるのか——。

長年、二遊間を守ってきて、自分なりに導き出したのがこの3つのポイント。

「ボールを早く放す」

「回転のいいボールを投げる」

「ボールの受け手は、的を早く作る」

ベースの踏み方など、細かいテクニックはもちろんあるが、まず大事なのはこの3つだ。ここをおろそかにしてしまっては、ダブルプレーを完成させることはできない。

「ダブルプレーを取ってみたい」と思うアマチュアプレーヤーの方々は、この3原則をぜひ意識してみてほしい。

ダブルプレーの構造を分解してみると、例えば6－4－3であれば、6（捕る→投げる）－4（捕る→投げる）－3（捕る）の5つの要素から成り立っていることがわかる。この一連の流れを、打者走者が一塁を踏むよりも早く完成させなければいけない。1つのプレーに3人の内野手が関わっているため、誰か1人でもミスをすれば、ダブルプレーは失敗に終わってしまう。

そして、時間との戦いでもある。

一塁ランナー、打者走者の足の速さを常に頭に入れて、二塁でのフォースプレーを狙いにいくのか、ダブルプレーを取りにいくのか、あるいは打者走者だけを刺しにいくのか。

ベストな状況判断を一瞬のうちに選択する必要がある。足が速い左バッターであれば、一塁への駆け抜けタイムはだいたい3秒台後半。そう考えると、ダブルプレーを完成させるのは容易ではないことが想像できるだろう。足が速いというのは、やはり野球において有利な能力と言える。

それでは、ダブルプレー成立のための3原則について、順番に見ていきたい。

原則①ボールを早く放す

まず、ポイントの1つ目である「ボールを早く放す」について。

これは、送球を受ける側に回ると、その重要性が実感できる。打球を捕った野手がボールを早くリリースしてくれなければ、タイムロスが生じてしまう。時間にすれば、コンマ何秒かもしれないが、この間《かん》に一塁ランナーも打者走者も、確実にベースに近づいていく。一塁への駆け抜けタイムが4秒の選手であれば、1秒間におよそ7メートル、0・1秒間で1メートル進む計算となる。

これが、二塁ベース上の受け手にとってなにを意味するかというと、この時間内で捕球・送球をこなさなければ、一塁から二塁へ向かうランナーのスライディングでつぶされる危険性が生まれるということ。一塁ランナーが近づけば近づくほど、ファーストに投げる余裕もなくなっていく。だからこそ、打球を捕った野手は早くボールを放すことが必要。これは5－4－3でも、4－6－3、3－6－3でもすべて一緒だ。

私はプロ入り1年目にショートを守っていたが、そのときのセカンドは、前年までショートを守っていた宇野勝《まさる》さんだった。ボールを放すのが早く、スローイングも正確。非常にダブルプレーを取りやすかったのを覚えている。1年間通して組んでいたこともあり、試合を重ねるごとに、コンビとしての呼吸も良くなっていった。

原則②回転のいいボールを投げる

「早く放す」ときに、スピードに加えて、正確性も追求しなければいけない。私が気をつけていたのは、回転のいいボールを投げることだ。スライダー回転せずに、きれいな縦回転がかかったボールを投げる。そうすることで、受け手の握り替えがスムーズになり、素早い送球につながっていくのだ。

そのために大事なのは、手首をしっかりと立てて投げること。第2章でも解説したが、これは横から投げるときでも同じ。むしろ、サイドスローになったときこそ手首を立てる意識が必要となる。スライダー回転するよりは、まだシュート回転のほうが、相手が捕りやすい。そもそも、ピッチャーが投じるストレートも、フォーシームの握りで正しく投げれば、多少のシュート回転はかかる場合がある。

投げ手の回転が良ければ、受け手はいつも同じような感覚でボールを捕球することができる。グラブにおさまったときのボールの縫い目の向きが毎回同じとなり、その結果、スムーズな握り替えにつながっていく。

セカンド・立浪としてコンビを組みやすかったショートは、久慈照嘉《くじてるよし》選手（現阪神内野守備・走塁コーチ）。スローイングが早いうえに正確。球の質も良かった。守備だけ見れば、球界を代表する技術を持っていた選手だ。

また、投げ手の意識としては、相手のどこに投げるかも重要になってくる。

キャッチボールのときから言われるように、「胸に投げる」でも間違いではない。ただ、セカンドをやっていたときは、ダブルプレー狙いの場合、ショートやサードなどからは胸よりもやや左側、つまりグラブを持っているほうに投げてもらったほうが、握り替えがしやすく、スローイングにスムーズに移ることができた。投げる側に立ったときも、アバウトに「胸」ではなく、より的をしぼってセカンドの「左胸」を狙うべきだ。

当然ながら、投げ手として避けなければいけないのは、グラブとは逆側の右胸ゾーンに

セカンドの著者と二遊間を組むことも多かったショート・久慈照嘉選手(中央)。守備力は高い。

投げてしまうこと。グラブが体の中心から離れていくので、どうしても握り替えが遅くなりがちだ。スライダー回転がかかる選手は、右側にそれてしまう傾向がある。ピンポイントのコントロールがあってこそ、ダブルプレーを完成させることができる。

原則③ボールの受け手は、的を早く作る

最後、3つ目が、「的を早く作る」こと。これは、ボールの受け手側のポイントとなる。5－4－3、6－4－3であれば、送球を受けるセカンドができる限り早く二塁ベースに入り、両手で「ここに投げてこい！」とジェスチャーで伝えるということだ。

少年野球を始めたときから、「相手が投げやすいように、しっかりと構えてあげよう」と教わると思うが、プロであってもやることは同じ。早く構えることによって、投げる目標物ができる。

キャッチボールを思い出してほしいが、受け手は半身になって構えるだろうか？　必ず、ヘソを向けて、相手に正対しているはずだ。ダブルプレーのときも同じで、ヒザをやや曲げて、左右前後どこに送球が来てもいいように準備をしておく。最初から半身で構えてしまうと、送球がそれたときに対応がしづらくなってしまう。

どうしても瞬時の判断が必要なときは、二塁ベース上に投げて、セカンドやショートが動きながら取るプレーも生まれてくる。すなわち、投げ手は空間を狙って投げるわけだが、これはどうしてもミスが起きやすい。投げる的がないため、投げる側にも怖《こわ》さがあるからだ。

受け手は可能な限り、ベースに早く入る。これは、「二塁ベースに入れるポジションに守っているか」ということでもある。自分自身の脚力と、二塁ベースとの距離を感じながら、「ここなら入れる」と確信を持てる位置をさがしてほしい。昔から二遊間には足が速い、1、2番打者タイプが多いのは、こういったところにも理由があるのだろう。足に自信があれば、二塁ベースから離れていても、素早く入ることができるのだ。

難しいのはセカンドが二塁ベースに近づくほど、一、二塁間があき、ヒットゾーンが広がってしまうこと。ランナーが一塁にいれば、一、三塁の可能性が生まれていく。一方、ランナー一塁で、ショートが二塁ベースに近づきすぎたために三遊間があき、そこを抜かれてレフト前ヒットになったとしても、通常は一、二塁で止まることが多い。そう考えると、セカンドのポジショニングは、より重要ということになる。

「早く二塁ベースに入って、的を作りたい」と思えば思うほど、セカンドの心理としては二塁ベースに近づきやすくなるもの。すなわち、一、二塁間があいてしまう。やはり大事なのは、ベースに入れる距離と時間を自らが知っておくこと。例えば、2秒で自分はどれだけ動くことができるのかといった、時間感覚を体に染《し》み込ませておくことも、必要になってくるだろう。

二塁ベース上での技術

ダブルプレー成立への３つのポイントを押さえたうえで、ベースの入り方、踏み方、スライディングのかわし方を紹介したい。スライディングをまともに受けてしまっては、ダブルプレーを取れないだけでなく、大ケガにもつながってしまう。

メジャーリーグでは、危険なスライディングが問題視されている。かつて、ダブルプレー崩《くず》しを狙ったスライディングによる接触プレーで、２００９年に岩村明憲《あきのり》選手（当時タンパベイ・レイズ）が左ヒザの靭帯《じんたい》断裂、西岡剛選手（当時ミネソタ・ツインズ）が左腓《ひ》骨《こつ》を骨折。15年の9月には、韓国人の姜正浩《カン・ジョンホ》選手（ピッツバーグ・パイレーツ）が左ヒザの靭帯断裂と、脛骨《けいこつ》骨折の大ケガ、ポストシーズンの地区シリーズ第2戦ではルーベン・テハダ選手（ニューヨーク・メッツ）が右腓骨の骨折を負った。

レギュラー選手がケガで戦線離脱することは、球団にとってもファンにとっても大きなショックだ。若手有望株の負傷が続いたことで、メジャーリーグ機構も新ルールによる規制を検討するようになり、15年11月には競技運営の最高責任者を務めるジョー・トーリ氏が「危険な行為によって負傷し、運ばれる選手の姿をもう見たくない」とコメント。これまでは、一塁走者が併殺阻止のために二塁ベースではなく野手目がけてスライディングするのはとくに取りざたされることもなかったが、16年シーズンからはこれが禁止となっている。

日本でも、16年4月3日の北海道日本ハム対福岡ソフトバンク戦で、セカンドの川島慶三選手が田中賢介選手のスライディングにより負傷するというプレーがあり、球界関係者やファンのあいだでも論議を呼んだ。メジャーリーグで決まったことは、遅れて日本に導入される場合が多いので、国内でも動きがあるかもしれない。

とはいえ、スライディング自体が規制されるわけではないだろう。私が若いころに比べると、激しいスライディングは減ってきたように感じるが、それでも完全になくなったわけではない。スライディングへの対応は、二遊間を長くやるうえでは欠かせない技術と言える。

ダブルプレー狙いの二塁ベース上のプレーにおいて、ショートとセカンドのどちらが難しいかと言えば、両方やってきた経験から判断して、セカンドのほうが難しい。なぜなら、ショートは一塁ランナーの動きを見ながら、流れの中でプレーができるが、セカンドは見えにくいからだ。さらに、捕球後に体の角度を変えなければいけないため、よけいに難易度が高くなる。セカンドはこの2点の技術を上げていくことによって、ダブルプレーの数が増えていくはずだ。

セカンドもショートも左足で二塁を踏んで、次の右足のステップで軸を作るのが基本となる。そして、左足を踏み出して送球に持っていく。「イチ・ニ・サン」のリズムとでも言えばいいだろうか。右足を踏むまでの時間を使って、握り替えを完了させる。

これに対して、右足で二塁ベースを踏み、この右足をそのまま軸足として投げる方法もあるが、これはかなりレベルの高い技術だ。相手からの送球が少しでもそれると、体勢が悪いまま一塁に投げなければいけないうえに、握り替えの時間がわずかしかない。「イチ・ニ・サン」ではなく、「イチ・ニサン」。捕ると同時に投げているようなイメージだ。かつて、湯上谷竑志《ゆがみだにひろし》（旧登録名：宏《ひろし》）選手（元福岡ダイエー）がこのプレーを得意にしていて、素早いダブルプレーを見せていた印象がある。

一塁ランナーの心理を頭に入れる

そして、二遊間プレーヤーたちが考えなければいけないことは、一塁ランナーの心理だ。まず、ランナーが考えるのが「二塁でセーフになる」ということ。それを第一に考えれば、二塁ベースに向かって真っ直《ます》ぐスライディングをしてくる。二塁でのタイミングが微妙であればあるほど、ベースに滑ってくることになる。逆に、アウトになるとわかれば、ベースではなくて、ダブルプレー崩《くず》しを狙って野手の足にスライディングをしてくるわけだ。

ベースカバーに入る野手は、このランナーの心理を頭に入れておかなければいけない。きわどいプレーはランナーが近くにいる分、怖さもあるが、ベースから一歩でも離れれば、スライディングをかわすことが可能になる。

私が出塁して一塁ランナーとなったときは、できるだけ大きく2次リード（牽制《けんせい》がないと判断してから広げるリード）を取って、スタートを切ることを心がけていた。一歩でも大きく出ることができれば、二塁に到達する時間も変わってくる。とくに満塁や一、二塁のときの一塁ランナーは、ピッチャーからの警戒が薄くなるうえに、ファーストがベースから離れることが多いために、1次リード（通常のリード）も大きくとれる。ここをしっかりとやっておくことで、二塁でのクロスプレーがセーフになる確率が高くなる。ホームから遠いランナーこそ、意識を高く持って取り組んでおかなければならない。

ただし、私はセカンド、ショートの両方をやっていただけに、二塁へのアンフェアなスライディングはやらなかった。というより、やりづらさがあった。ダブルプレー崩しにはもちろんいくが、あまり激しく攻めてしまうと、相手の野手をケガさせかねない。また、やり返される可能性もゼロではないので……。

セカンドでもショートでも、二塁ベースの入り方は、このときはこうやるという決まった方程式があるわけではなく、動きの中で「いかに早くボールを放すか」「スライディングから逃げるか」を考えながらプレーする。選手によって踏み方も違えば、スライディングのよけ方も違ってくる。ここでは、私が実践していた二塁ベースの踏み方を含む、セカンドやショートのダブルプレー狙いのときの動きを、シチュエーション別にいくつか紹介したい。

4-6-3

セカンドはトスも正確に、ショートは相手が投げやすいように早い的作り

まずは、二遊間の当事者2人がからむダブルプレーのパターン。ダブルプレーを狙える局面で、セカンドへゴロ。ショートが二塁ベースに入るケースから解説しよう。ショートは一塁ランナーの動きが見えるので、セカンドが二塁に入るときより、精神的には余裕がある。とはいえ、受け手のショートも、ゴロのさばき手のセカンドも、悠長に構えていては、ダブルプレーは完成させられない。

セカンドとしては、素早く、正確に処理したいところだ。正面や二塁ベース寄りのゴロなら、捕球後、体を右にひねって、スローイング。このあたりは、比較的、無難にこなせるだろう。しかし、受け手のショートが近くにいても、ゴロを取る体勢やランナーの足の

速さによっては、グラブトスやバックトスが必要になるケースがある。広島の菊池涼介選手のように技術のあるセカンドなら「正確なグラブトスを華麗に決めて、ダブルプレー完成」となるかもしれないが、トスがそれて、アウトを1つも取れない……というリスクもはらんでいる。

また、一、二塁間寄りのゴロなら、47ページで触れたように、反時計まわりに体を回転させて、二塁ベースに投げることもある。これは、どちらかと言えば、フォースアウト1つを取るのが狙い。打球がよほど強く、打者走者の足も遅ければ、ダブルプレーもギリギリ成立させられるかもしれない。

続いて、受け手のショートの動きについて。大切なのは、「どこで構えるか」だ。一、二塁間を結んだラインを1つの基準としたとき、セカンドがラインよりも後ろで捕った場合、ショートは右足でベースを踏んだ状態で、外野寄りに体を出して、的を作る。一、二塁間の深いところでセカンドがゴロを捕ったならば、ショートはダブルプレーをあきらめ、二塁でのフォースアウトを狙うため、右足をベースにつけて足を伸ばすことに切り替える必要もある。これがラインより前であれば、私がショートの場合、左足で二塁ベースを踏み、ダイヤモンドの内側で的を作ることを心がけていた。

ランナーがどこを走っているかにもよるが、セカンドが投げやすいように構える位置を変える必要がある。ラインより前で捕ったにもかかわらず、外野寄りに構えてしまうと、ランナーと送球がかぶる恐れが出てきてしまうわけだ。

こう考えると、常に、ボールを投げてくる相手、あるいは受ける相手の視点に立って、お互いが次のプレーがしやすいように心がけることも、コンビプレーを完成させるポイントと言えるだろう。私は結果的にセカンド、ショートの両方を経験したことになるが、試合ではショートだけやっている選手も、シートノックではセカンドに入り、セカンドから見える景色を経験することも大事になる。違う視界を見ることで、ショートに戻ったときのベースの入り方が変わってくるかもしれない。

私もショートを守っていたときは、強いセカンドゴロが飛んだ場合、二塁ベースをまたいで送球を待つようにしていた。打球が速いと時間的余裕があるので、スライディングでつぶされる心配はさほどしなくていい。この体勢で捕球をして、そのまま左（外野方向）に流れながらスローイングに移れば、右足が二塁ベースに触れるようになるのだ。

この場合はベースを踏むのではなく、足先でさわる。投げながら、さわっている感覚がある。もちろん、状況によっては右足でベースを踏んでおいて左にサイドステップして投げることも多かった。

セカンド前のゆるい当たりで、一、二塁間のオンラインよりも前で打球をさばいたとき、ショートは左足でベースを踏んで待っておく。そして、右足を三塁方向に踏み出して軸を作り、送球体勢を作るようにしていた。

私の若いときの写真を見ると、一塁ランナーのスライディングをジャンプしながらかわしているプレーがあるが、相手をよけるために体が勝手に反応することが多い。様々な経験を重ねていく中で、相手の動きを見て、臨機応変に対応できるようになってくる。

6-4-3

ショートは素早いゴロ処理、セカンドは外野側に逃げる技術が必要

次は、ショートにゴロが飛び、セカンドが二塁ベースに入るケースだ。ショートが心がけることは、ゴロを確実に処理すると同時に、とにかくセカンドに早く送球すること。ショートは、後述する5－4－3のサードより通常、二塁ベースまでの距離は近いが、打球によっては、時間を要することがあるからだ。もちろん、「ただ早く」ではなく、「早く正確に」。そのあと一塁に転送することになるセカンドに配慮したボールを投げる必要がある。セカンドの視点で考えると、左側（グラブ側）に投げてもらったほうが握り替えがしやすいはずだ。

一方、受け手のセカンドのほうは、弱い打球のショートゴロであれば、二塁にボールが

わたるまでに時間かかるので、5－4－3と同じように前にステップする必要がある。三遊間の深いショートゴロも同じで、セカンドは前に出なければつぶされてしまう。結局、セカンドにもショートにも言えるのは、打球の強弱によって二塁ベースの踏み方を変えなければいけないということだ。やはり、普段の練習のときから、いろいろな事態を想定して何パターンものベースの踏み方を自分のものにしておく必要がある。

ショートが近い距離でトスをするとき、セカンドは左足で二塁ベースを踏んで、後ろに下がってから投げる方法もある。軸となる右足をあらかじめ後ろに置いておくことで、よけいなステップを踏まずに投げることができる。

「後ろ＝外野寄り」ということだ。たいていのランナーは二塁ベースまでしかスライディングをしてこない。理屈上は、外野のほうに逃げればスライディングでつぶされることはないと言える。ただし、スライディングしたあとの勢いでさらに上体をかぶせてくるようなランナーもいないわけではない。ここまでくるとフェアプレーの観点からどうなのかとも思うが、二遊間としては一塁ランナーがどういうスライディングをしてくるタイプなのかをあらかじめ知っておく必要もあるだろう。

読者のみなさんもイメージがあるかもしれないが、やはり、外国人選手のスライディングには迫力がある。10～15年の6年間、阪神に在籍したマット・マートン選手などに代表

日本で激しいスライディングを見せ続けたマートン選手。それをかわしてこそプロの二遊間。

される激しさだ。一塁ランナーが外国人の場合は、二遊間の警戒心も高まる。

また、その場（二塁ベース上）で投げるという方法もある。左足でベースを踏み、そのまま右足を小さくステップして送球。そのあとすぐに両足を広げ、股《また》のあいだにランナーを滑らせる。スライディングの空間をあえて作ってしまうという技術だ。

それと、もしもランナーにつぶされそうになったら、こんな奥の手がある。アマチュアの選手にはあまりおすすめできないことではあるが……。

捕ったあとに、わざと下から放る格好を見せて、「このまま投げたら、顔に当たりますよ」と警告しておくのだ。ランナーだって、ケガはしたくはないので、本能的に逃げる。野手としても、ランナーになめられたら終わり。ランナーが激しいスライディングをしてくるのであれば、「こっちもやるよ」という意志、構えを見せておかなければならない。

5-4-3

セカンドは前に出てスライディングをかわす

今度はサードゴロで、前項同様にセカンドが二塁ベースに入るパターンだ。まず、考えなければいけないのは、6→4よりも5→4のほうが投げる距離が遠くなること。つまり、セカンドにボールが届くまでに時間を要することになる。とくに詰まったサードゴロになると、打球の勢いが弱いため、処理するまでにも時間がかかってしまう。「時間がかかる＝一塁ランナーは二塁ベースに近づいてくる」わけで、セカンドはスライディングでつぶされることまで予測して、対応しなければならない。具体的なポイントは、前（サード側）に出ること。左足でベースを踏んだあと、右足を前に一歩踏み出す。1歩分となれば、およそ1メートルはサード方向に逃げられるため、スライディングをかわすことが可能。サード側に踏み出すときは、右足の内側のくるぶしをファーストに向けて、スローイングにつなげていきたい。

しかし、前に出たいからといって、捕球時に体が三塁方向に流れてしまうと、頭が突っ込み、次のスローイングに移りにくくなる。どんな状況であっても、受け手となるセカンドはヒザを柔らかく保って、体が浮かないようにしておきたい。

また、右足でベースを踏んで、左足、右足（軸足）のリズムで投げる方法もありだ。同じように三塁方向にステップする。このほうが2歩分、二塁ベースから遠くに逃げることができるため、スライディングでつぶされる可能性が少なくなる。ただし、それだけファーストとの距離も広がり、切り返しの角度が急になるということ。このあたりは、打者走者の足も考えながら、使い分けていく必要がある。

どん詰まりのボテボテであれば、ダブルプレーはあきらめて、二塁フォースアウトに切り替える。すなわち、セカンドは右足を二塁ベースにつけ、ファーストのように体を伸ばして捕球する。フォースアウトでOKのところで、ダブルプレーを狙いにいくと、えてしてミスが起きるものだ。ダブルプレーを焦《あせ》ってオールセーフになってしまうと、大きなピンチを招いてしまう。どんな場合でもベストな判断を選択できるように、打者走者の足の速さを考えながら、心身の準備をすべきだ。

ただ、打者走者の足は、その打ち方によっても変わってくる。右バッターがどん詰まりのゴロを打った場合は、ファーストへ向かう一歩目のスタートが遅れることが多い。いくら俊足の選手でも、この一歩目が遅れると、一塁到達までの時間がかかることになる。セカンドとしては、感覚的に「この打球の遅さなら、一塁はセーフだろう」と思っていても、投げる体勢だけは整えておきたい。

3-6-3｜3-3-6

ファーストの捕球場所によって、ショートは的の位置や対応を変える

ファーストゴロでのダブルプレー。まずは、ショートが二塁ベースに入って送球を受け、一塁へ投げ返してダブルプレーを成立させるパターン。132ページで解説した4－6－3同様に、ファーストがどこで捕球したかによって、ショートの二塁ベース上での構え方

は変わる。ゴロの捕球位置が一、二塁を真っ直ぐ結んだラインより後ろであれば、ショートは右足を二塁ベースにつけ、外野側で的を作ったほうが、ファーストは投げやすい。ラインよりも前ならば、左足をベースにつけ、ダイヤモンドの内側で的を作ったほうがいい。

ファーストが捕る位置によっては、3－6－1のプレーが発生するが、ピッチャーはできる限り守備にからまないほうがいい。守備の本職は、ピッチャーではなくファースト。うまいピッチャーであればいいが、不器用なピッチャーがからんでくると、打者走者と接触したり、一塁ベースを踏み損なったりして、セーフにしてしまうばかりか、ピッチャーがケガをすることもある。

ファーストは二塁に送球したら、自分で一塁ベースに素早く戻る。ショートも、ファーストの戻りに合わせて投げる練習をしたほうがいいだろう。

ファーストが一塁ベース近くでゴロを捕球した場合は、先に打者走者をアウトにしてから、二塁に投げたほうがダブルプレーを取りやすい。3－3－6のダブルプレーだ。このとき、一塁ランナーはフォースプレーではなくなるので、二塁ベースに入ったショートは、ランナーへのタッチが必要になる。

ダブルプレーの話からはそれるが、最近はタッチプレーが甘くなったように感じる。タッチが甘いゆえに、アウトのタイミングがセーフになることも目にする。コツはヒザを使って、グラブを素早く落とすことだ。ギリギリのタイミングであれば、タッチしたあとにすぐにグラブを上げて「アウト！」と勢い良くアピールする。塁審の目をごまかすわけではないが、タッチプレーにスピード感があれば、アウトに見えるようになるものだ。

1(2)-4-3｜1(2)-6-3

二遊間のどちらが二塁ベースに入るか、事前に決めておく

キャンプでみっちり取り組むのが、ピッチャーやキャッチャーがからんだダブルプレーだ。1（2）－6－3、もしくは1（2）－4－3。ただ、1シーズンに何度かはピッチャーやキャッチャーが悪送球を放るシーンを目にする。ダブルプレーと思ったところで、ピッチャー自らのミスによってピンチが拡大すると、失点の可能性は一気に高くなる。

「的を早く作る」という基本は、ここでも変わらない。ショートスロー（短い距離での送球）を苦手にしているピッチャーが多く、そのうえ誰もいない空間（ベース上）に投げるというのは、ミスが起きやすいシチュエーションだ。

そうならないためにも、二遊間プレーヤーはできるだけ早く二塁ベースに入り、ピッチャーを安心させたい。時間的に余裕のあるプレーなので、二塁ベースは右足でも左足でもどちらで踏んでも構わない。ピッチャーがきちんとベース上に投げられれば、まずダブル

プレーは成立したと思っていいだろう。

第6章の二塁盗塁時の守備の話にもつながるところだが、二遊間のどちらが二塁ベースカバーに入るかは1球ごとに打ち合わせをしている。決めておかなければ、盗塁に対して2人とも入らなかったり、逆に2人が重なってしまうことも起こりうるわけだ。どのようにやるかと言えば、周囲から見えないようにグラブで口を覆《おお》い、例えば、「口を開《あ》けたらショート、閉じたらセカンドが入る」といったサインをあらかじめ決めているのだ。

ランナー一塁で、打席には右バッター。右方向狙いのバッターに対して、外のスライダーを要求するのであれば、セカンドは打球への意識を高め、ショートが二塁ベースカバーに入るように決めておく。とはいえ、打ち合わせどおりにいくわけではない。スライダーを引っかけて、ショート寄りのピッチャーゴロとなると、ショートも打球に反応するため、二塁ベースカバーには入れなくなる。そのときは、臨機応変にセカンドがカバーに走り、1ー4ー3を完成させる。

余談だが、ピッチャーの送球ミスが起きる原因の1つとして、投内連係の練習方法にも関係があるように思う。キャンプではスパイクを履《は》いて行うが、シーズンに入ると、外野の人工芝の上でやることがある。このときの足元はアップシューズ。試合になればスパイクを履くわけで、足元の微妙な違いが、守備にも影響を及ぼしているのではないだろうか。

4-2-3｜6-2-3

「ホームゲッツー」や、中間守備・前進守備での併殺への考え方

セカンドやショートがゴロをさばいてのダブルプレーには、二塁ベースを経由しないパターンもある。代表的なのは、前進守備や中間守備の際に、本塁を経由するもの。キャッチャーからファーストに転送される4－2－3や6－2－3。いわゆる「ホームゲッツー」だ。これについては後述するとして、本項ではまず、中間守備・前進守備における、二遊間の基本的なダブルプレーへの考え方を解説していきたい。

二遊間でいちばん難しいのが、1アウト一、三塁や満塁で、中間守備を敷いたときの守り方だ。中間守備とは、その名のとおり、定位置と前進守備の中間のポジションを取ること。この状況では、どれだけ経験を積んだとしても怖さがあった。

少し前だが、高校野球14年夏の甲子園大会、市立和歌山高校(旧・市立和歌山商業高校)対鹿屋《かのや》中央高校（鹿児島県）の試合で起きたプレーを覚えている読者もいるのではないだろうか。場面は同点で迎えた12回裏、1アウト一、三塁で鹿屋中央の攻撃。市和歌山の内野陣は中間守備を敷き、バックホームも二塁併殺も両方狙える位置に守っていた。

ここで、鹿屋中央のバッターが、セカンド前方への弱めのゴロを打つ。小さくイレギュ

ラーした打球だったが、セカンドがうまく反応して捕球。しかし、セカンドは本塁でも二塁でもなく、一塁へ投げてしまった。三塁ランナーはホームに生還し、この瞬間、サヨナラ負け。二塁手が泣き崩れたシーンが記憶に残っている方も多いと思う。試合後にこの二塁手本人も語っているように、自分の前で打球が変則的に跳《は》ね、それに対応した瞬間に頭が真っ白になってしまったようだ。

打球の判断はプロでも難しく、内野手としては、例えば「どんな打球でもバックホーム」と指示を1つにしてもらったほうが、迷いなくシンプルにプレーできる。打球次第で投げる場所が変わるのが、非常にやっかいなのだ。市和歌山の二塁手の名誉のために言うと、彼は非常に守備力の高い選手で、この試合までにファインプレーで何度もチームを救っていた。だから、ピッチャーをはじめ、チームメイトは誰1人、彼を責めなかった。

中間守備の場合、基本的には、速い打球はセカンドでのダブルプレーを狙いにいく。二遊間側に飛んだ打球も、バックホームではなく、4－6－3か6－4－3を狙う。ただ、前に守っている分、受け手が二塁ベースに入りきれないときもあるので、打球をさばいた選手がそのままベースを踏むプレーも多い。

では、ゆるい打球だとどうするか。ダブルプレー崩《くず》れ（打者走者だけセーフ）になる可能性があるため、ホームでアウトを取りにいく。1点を阻止して、走者が一、二塁に残るのはやむをえないという考え方だ。

守り方はカウントによっても変わっていく。例えば1アウト一、三塁でフルカウントになると、一塁ランナーとのエンドランをかけてくる場合がある。こうなると、二塁で刺せる可能性が低くなるので、ダブルプレーをあきらめ、前進守備に切り替えることもあるのだ。外野手にも似たようなことが言えて、例えば2アウト一、二塁の状況を想像してみてほしい。初めのうち外野手はバックホーム態勢で前にいても、フルカウントになると自動的にエンドランがかかるため、ホームで刺すのは難しくなる。このときは守備位置を後ろに下げて、一塁ランナーのホーム生還を防ぐ形を取る。

前進守備に関しては、1点勝負で三塁ランナーが俊足であれば、塁間を結んだラインよりも前。ショートバウンドであっても、打球に突っ込んで、前で勝負をする。ただし、ノーアウト三塁のときは、やや後ろ。というのも、ノーアウトの場合は攻撃側もまだアウト2つ使えるので、「自重」「抜けてからゴー」になることが多いからだ。これが1アウトになると、「スイングゴー」や「ゴロゴー」に変わっていく。

それを考えると、むしろ満塁のほうが守りやすいのは確か。ノーアウト、あるいは1アウト満塁で、1点を争う場面であれば、まずホームへ送球し、1点を防ぐ。フォースプレーとなるので、二遊間プレーヤーら守っている側も気はラクだ。そして当然、4－2－3

や6－2－3といった「ホームゲッツー」を狙っていく。

この際、ゴロをさばくセカンド、ショートらが注意するのは、前目に守っていてバウンドが合わなかったとしても、確実に捕球し、素早く正確にホームへ送球すること。しっかりと足を使って投げなければならない。前進守備となると本塁との距離が近くなるために、手だけでコントロールしようと思いがちだが、これが悪送球の元となる。三塁走者が視界に入るので、「早く投げたい」と焦る気持ちもわかる。でも、そんなときこそ、守備の基本となるフットワークを意識してほしい。

また、注意したいのは投げる高さだ。低すぎるとキャッチャーが一塁に投げにくいため、胸よりも上に投げるのが理想だ。逆に、キャッチャーが後逸するような悪送球をしでかすと、大変だ。二塁ランナーの生還も許して、一挙に2失点となる可能性もある。

ただ、この「ホームゲッツー」狙いは、普通にプレーできれば、仮に一塁がセーフとなってダブルプレーが成立しなくても、当面の失点を防げたということで、まずは良し。併殺を決められれば、なお良し。一気にピンチを脱出してチェンジもありうる、有効な戦略と言えよう。

16年から通称「コリジョンルール」という、本塁上でのキャッチャーの危険なブロックの禁止が明文化された。これにより、キャッチャーはボールを保持していない状況で、これまでのようなランナーの走路をふさぐブロックには走塁妨害が適用されることとなった。わかりやすく言えば、二塁や三塁上で盗塁をアウトにするためのタッチプレーとほぼ同じ考えになったのだ。また、二塁・三塁と違ってホームの場合、走るスピードをゆるめることなく一瞬のベースタッチですり抜けていってもランナーはセーフとなるので、よりいっそう攻撃側に有利な改正と言えるだろう。

こうなると、内野手としては、前進守備のポジションを15年までより前に上げ、さらにバックホームの送球コントロールにいっそう気をつかわなければならなくなる。攻撃側も、コリジョンルールを見越して微妙なタイミングならホームに突っ込むケースが増えている。できるだけタッチしやすいところに投げる技術が要求されるのは間違いないだろう。

1-2-3｜5-2-3｜5-5-3

二遊間がからまない併殺で、2人がなすべきこと

再三言っているように守備の要《かなめ》である二遊間だが、中にはこの両ポジションがからまないダブルプレーも存在する。内野ゴロでも、満塁での「ホームゲッツー」狙いの1－2－3、5－2－3、一、二塁での5－5－3、また、ライナーなどで、飛び出したランナーが帰塁できずにダブルプレーとなることもある。

こういったとき、二遊間はどうしているのか。

例えば、ランナー一塁での真正面の強烈なファーストライナーなどでは、一瞬でダブルプレーが完結するので、動く間《ま》がないことも多い。

しかし、内野ゴロの場合は、たとえボールにからまなかったとしても、ベースカバーやバックアップに動く。第2章や第3章のセカンド・ショートの各論でも触れたが、とくにバックアップなどは有事のときの保険。しかし、これがきっちりできないようではプロ失格と言われても仕方ない。対談で菊池涼介選手も話しているように、これは、試合中はもちろん、試合前の守備練習、あるいは秋季や春季のキャンプでも、繰り返し行う。

鮮やかなダブルプレーを決めたときはスポットライトが当たる二遊間だが、その陰《かげ》には、多くの地味で過酷《かこく》な動きが求められるのだ。

ダブルプレーを取りやすい打者

さて、15年のシーズン終了時、現役のバッターで（15年に引退した選手も含む）、通算併殺打が最も多いバッターをご存じだろうか？　これがわかる読者は、かなりのプロ野球通だ。正解は、谷繁元信選手。現役を引退した15年までで236個の併殺打を記録。それだけ多くの試合に出場しているという理由のほかに、「8番」という打順も関係しているのだろう。セ・リーグの場合は、先発の9番打者にほぼピッチャーが入るために、ノーアウト一塁で谷繁選手に回っても、バントで送る機会がほとんどない。打たせることによってチャンスを広げようと試みる。その結果として、ダブルプレーを喫する場合があるわけだ。

では、ダブルプレーを喫した平均打数で見てみるとどうか。この数値が少ないほど、ダブルプレーを喫する確率が高い選手と言える。15年シーズンで現役だった選手のうち、通算併殺打の多い、上位20人についての調査結果がある。

数値が少なくて目立つのが、平均打数30・3の和田一浩選手（元中日）と、平均打数31・0のマット・マートン選手（元阪神）、平均打数32・5の新井貴浩選手（広島）だ（前述の谷繁選手は、37・2打数に1度の割合）。3人に共通しているのは、まず一塁ベースから遠い右打者であること。そして、強くしっかりと振るタイプで、内野ゴロに関しても、強い打球が多い。さらに、状態が悪いときは変化球を引っかけての内野ゴロが増える傾向にある。バントの機会も少ないために、ヒットでチャンスを拡大することもあれば、ダブルプレーになるリスクもはらんでいるわけだ。

15年シーズンだけに限定して見てみると、最多併殺打は内川聖一《せいいち》選手（福岡ソフトバンク）の24個（平均打数は22・0）。ダブルプレーの平均打数が最少で、併殺確率がいちばん高いのは、今江敏晃《としあき》選手（当時千葉ロッテ、現東北楽天）の21・9となっている（併殺打の数は17）。

ちなみに、15年時の現役選手というくくりを外してプロ野球の歴代通算で最も多くの併殺打を記録しているのが、南海ホークス（現福岡ソフトバンク）などに在籍した野村克也さんで、378個。野村さんは、打席数も打数もプロ野球歴代最多の記録を持っていて、それだけに積み重なった併殺打も多かったと言える。また、平均打数で計算すると、27・7打数に1度の割合で、これも、歴代20位の中でいちばん併殺確率が高い。右のスラッガーで足もそれほど速くなかった野村さんらしい数字だ。

そして、やはりというべきか、歴代20位までの中に左打者はわずかに1人。一塁が遠い右打者のほうがダブルプレーを食らいやすくなるのはデータでも証明されている。

シーズン最多併殺打を記録しているのは、89年のブーマー・ウェルズ選手(元阪急など)。1年間で34個ものダブルプレーがあったわけだが、じつはこの年は打率、打点の二冠王にも輝いている。右の長距離砲でプルヒッターとなると、強めのサードゴロやショートゴロが多くなるので、ダブルプレーが増えるのは仕方がないところ。ダブルプレーが多いからといって、決してダメな選手というわけではないのだ。

一方、圧倒的にダブルプレーが少ないバッターとして、現役選手で光るのが、平均打数が140・2と多い田中賢介《けんすけ》選手（北海道日本ハム）と、平均打数128・1の大島洋平選手（中日）だ。左バッターで足が速く、ダブルプレーになりづらい要素を持っていると言える。15年だけで集計すると、平均打数442（442打数で、併殺がわずか1回）の西川遥輝《はるき》選手（北海道日本ハム）が光った。西川選手も俊足の左バッターだ。

ちなみに、私はというと、通算174の併殺打で平均打数にすると50・1。年間で併殺がいちばん多かったのは05年の15個、少なかったのは90年の3個だった。バントが少なかったタイプとしては、まずまずではないだろうか。

ゴロアウトが多いバッターは、どうしても併殺網にかかりやすい。私はランナーがいるときには、なるべく低めの変化球に手を出さないように心がけていた。そして、強引に引っ張らずに、バットを内側から出して、センター中心に打ち返す。

ただ、ランナーが一塁にいると、引っ張りたくなるのが左バッターの心理でもある。ライト前に抜ければ、一、三塁のチャンスを作れるからだ。しかも、一塁ランナーを意識してセカンドは二塁ベース寄りに守りを変えるため、一、二塁間が広がりやすい。バッテリーもこのバッター心理をわかったうえで、引っ張りきれないボールを投げてくる。そして二遊間は、それらすべてを踏まえて準備する。このあたりの駆け引きが、守備側対バッターの醍醐味《だいごみ》とも言える。

ダブルプレーを取りやすい投手

ピッチャーにはフライアウトが多いタイプと、ゴロアウトが多いタイプの2タイプが存在する。一般的には、速球派はフライアウトが多くなり、変化球を低めに投げて打たせて取るタイプはゴロアウトが増える傾向にある。

想像がつくとは思うが、ダブルプレーを取りやすいのはゴロアウトが多いピッチャーだ。思い出すのは、西本聖《たかし》さん（元巨人、中日など）のピッチングだ。シュートを駆使して、内野ゴロの山を築く。右バッターは体の近くに食い込むシュートに詰まり、サードゴロ、ショートゴロに倒れていた。左バッターはというと、外に逃げるシュートを引っかけてしまい、セカンドゴロ、ファーストゴロ。まさに「術中」にはまっていた。このように、シュート系を武器にするピッチャーはダブルプレーを取る確率が上がっていく。

近年のドラゴンズでは、山本昌投手や吉見一起投手、さらに川上憲伸投手あたりがゴロを打たせるうまさを持っていた。山本投手は武器であるスクリューを低めに集め、内野ゴロに打ち取っていく。やはり、ピッチャーの基本は低めとなる。バッターのヒザの高さにどれだけ集めることができるか。とくに低めに落ちる変化球は、ボールの上《うわ》っ面《つら》を叩《たた》きやすいので、ゴロの可能性が高まる。逆に高めのストレートは、バットがボールの下に入りやすいため、フライが上がるという理屈である。吉見投手はシュート、川上投手は小さく曲がるカットボールのキレで、バットの芯《しん》を外すスタイルだ。

ただ、あまりに詰まりすぎてしまうと、打球が弱くなり、ダブルプレーを取れなくなる。35ページでも触れた、カットボールが得意の武田一浩さんの場合は、あまりに内側に食い込みすぎて、ドン詰まりになることが多かった。こうなると、2つのアウトを取るのは難しい。ある程度強い当たりでなければ、ダブルプレーは成立しない。このあたりが、ダブルプレーの面白いところであり、難しいところとも言えるだろう。

草野球でダブルプレーを実現させる方法

読者の中には草野球で楽しみながらプレーしている人もいると思う。そこで第4章の最後に、草野球ではなかなかお目にかかれないダブルプレーを取るための極意を紹介しよう。

ここまで紹介した基本は、プロ野球も草野球も同じ。野球は野球。ルールが大きく変わるわけではない。それを踏まえたうえでアドバイスを送るとしたら、まずは二遊間のコンビとしての意識を高めること。キャッチボールで常にパートナーを組むなどして球筋や球の回転を知っているのといないのとでは、コンビネーションは大きく変わる。もちろん、サードとショート（あるいはセカンド）の組み合わせでもいい。相手がどんな球を投げるか知っておくことが、二塁ベース上での握り替えの早さにつながる。

キャッチボールは上から投げるだけでなく、横や下からのスナップスローも練習していくといいだろう。もちろん、基本は上からだが、大事な併殺の場面だけに、臨機応変にいきたい。草野球プレーヤーとなると、横や下から投げる経験自体が少ないように思う。練習のときから、投げ方のバリエーションを増やしておくと、いざというときに役立つ。

グラブトスもその1つ。とっさのときは、グラブトスのほうが早いときがある。グラブのウェブ（グラブの親指と人差し指のあいだの網の部分）にボールを入れるのではなく、手でしっかりとボールをつかみ、相手に手渡しするようなイメージでトスをしてみよう。これも二遊間で練習して、お互いのやり方を頭に入れておくといい。

ポジショニングの工夫によっても、ダブルプレーを奪えるチャンスはある。具体的に言えば、現実的な自分の運動神経や走力を見極め、あらかじめ、二塁ベースに入れる位置に守っておくということだ。ギリギリではなく、余裕を持って入れる位置。そうすれば、送球者に対して早めに「的」を作ることができ、結果的に悪送球も減っていくだろう。

一方で、二遊間が二塁ベースに寄ると、一、二塁間や三遊間があいてしまうリスクもある。しかし、失礼な言い方ながら、肩や足腰の問題で広い守備範囲をなかなかこなしきれないような草野球選手が、ダブルプレーをどうしても狙いたいなら、そこは目をつぶるしかないところ。もちろん、点差やイニング、試合の真剣度などの状況を考慮したうえだが、ダブルプレーを取るために、ギャンブル的な守備陣形を敷くのも1つだ。

この場合、打球方向がある程度読めるのであれば、セカンドとショートの両方が寄る必要はない。草野球のバッターの心理は、「引っ張って、強い打球を気持ち良く打ちたい！」ではないだろうか。右バッターが外の球をおっつけて、味のあるライトヒッティングをするようなケースはそうないことだろう。

であれば、右バッターのときはセカンドが二塁ベース寄り、左バッターのときはショートが二塁ベースに寄るポジショニングが、最もオーソドックスだ。

そして、またも申し訳ない言い回しになってしまうが、草野球で打者が一塁まで全力で駆け抜ける割合は、そうは多くないのではないだろうか。日ごろ、仕事を頑張っているみなさんは、走り込みをする時間もないかもしれない。また、ベテランにもなると、ヒザや腰に弱点を抱えている選手もいるだろう。そうなると、選手によっては一塁を駆け抜けるまでに、6秒や7秒かかることも珍しくなくなる（プロなら通常4秒程度）。

相手チームの各選手の特徴を最初からすべて把握することは難しいだろうが、打順がひ

草野球でダブルプレーを取るための守備位置

☆セカンドベースに寄った守備位置

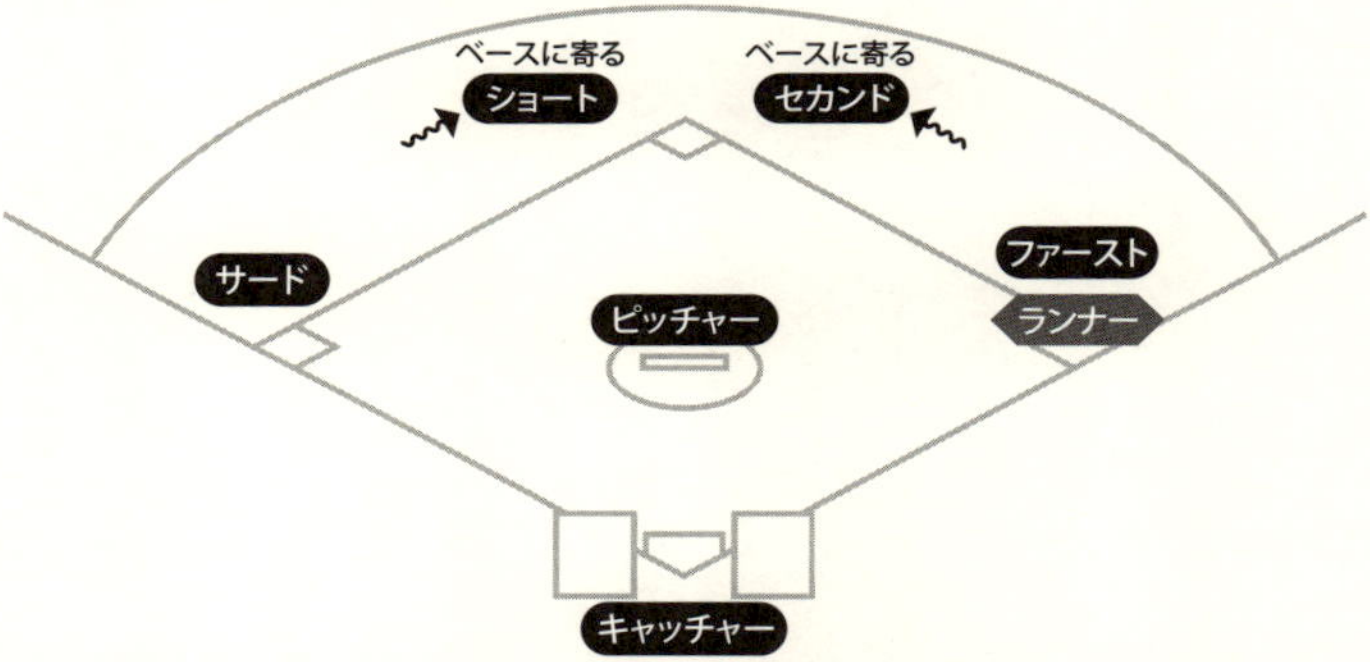

二遊間はあらかじめ二塁ベース寄りの位置に守って、どちらでもベースカバーに素早く入れるように準備する。一、二塁間、三遊間は広くなってしまうが、そこを抜かれた場合はあきらめるという、ダブルプレーを取ることをなにより最優先としたギャンブル的シフトだ。

☆流し打ちがなさそうな右打者の場合の守備位置

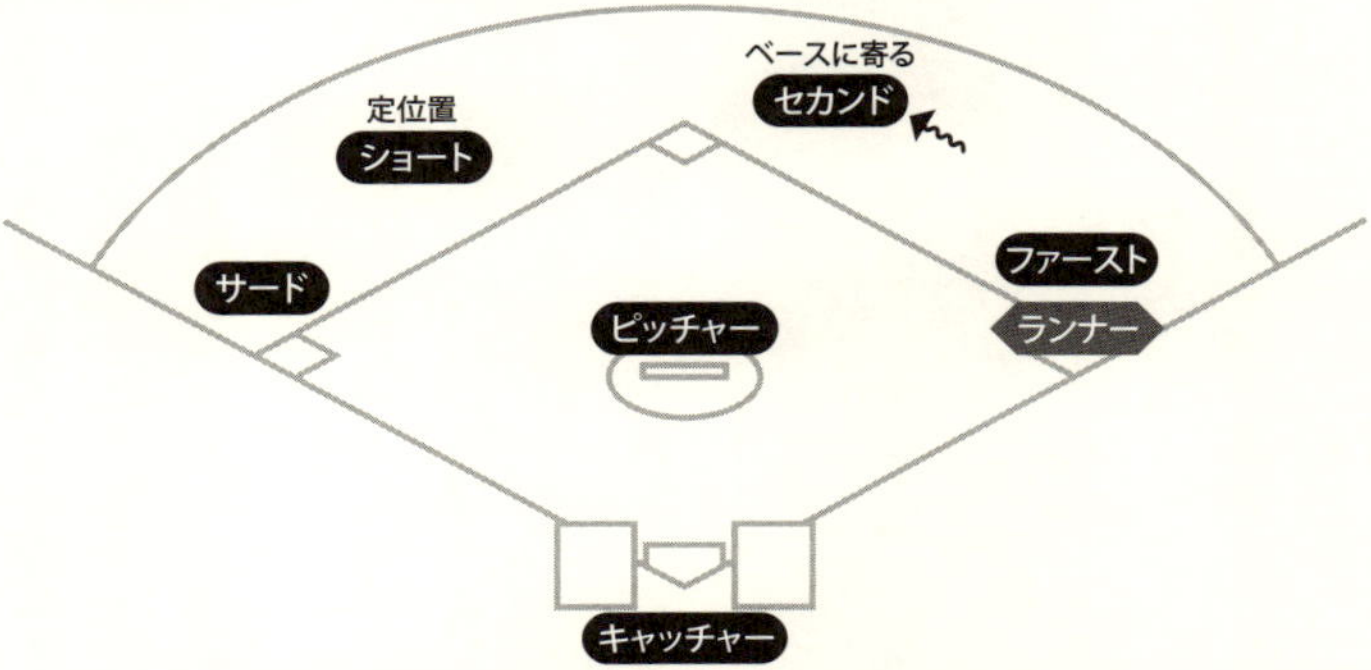

上のシフトのさらに応用編。右バッターで、流し打ちがなさそうな選手だったら、セカンドだけ二塁ベース寄りに守り、ショートは定位置にいたほうが効率的かもしれない。打者のタイプによっては、逆にショートが二塁ベース寄りに、セカンドが定位置というパターンも。

と回りすれば、だいたい見えてくる。打席に入ったバッターの身体能力やコンディション、性格などをしっかりと観察しておくことで、「足が遅い（あるいは全力で走らない）このバッターの打球の処理は、あわてなくていい」とか「この選手がランナーなら、送球はスピーディーに」というふうに、心構えをしつつプレーすることができる。

それと同時に、二遊間としては「あきらめない」という気持ちも大事になってくる。一塁はセーフだろうと思っても、最初からあきらめるのではなく、一塁に送球するための心と体の準備を必ずしておきたい。

あとは、練習あるのみだ。草野球ともなれば、バッティングで遠くに飛ばすことに快感を覚えている選手が多いだろう。バッティングセンターに行ったり、素振りをして、試合に向けて準備をしている選手もいるはずだ。

このバッティングと比べると、圧倒的に守備練習の時間は短い。キャッチボールはしても、ゴロ捕りまではなかなかしていないのではないか。本気でダブルプレーを取りたいのであれば、やっぱり、守備練習は欠かせない。華麗にダブルプレーを決めたときの快感は、その当事者でしかわからない気持ちの良さがあるものだ。本書をお読みのみなさんには、その喜びをぜひとも感じてもらいたい。ここで紹介したいろんな要素を頭に入れつつ、積極的にダブルプレーを奪いにいってほしい。

第5章　至高の「二遊間コンビ」名鑑

―タイプ研究！ プロの技に学ぶ―

❶ 荒木雅博《セカンド》&井端弘和《ショート》［中日］堅実同士！ セットで語られる唯一無二の二遊間

第5章では少し視点を変えて、私の心に残る日本プロ野球界古今の「二遊間コンビ」を名鑑仕立てでご紹介したい。多くのコンビを考察していくことで、ファンの方には、それぞれの特長やすごさ、また二遊間の奥深さを感じてもらえるだろう。プレーしている方には、彼らコンビを頭に思い浮かべながら、ご自身の実践の参考にしていただければ幸いだ。

当然ながらもっと古い時代にも印象深いコンビがいたと思うが、誠に勝手ながら、ここでは、私のプロ入りあたりから現在までの二遊間ペアに限らせていただいた。

過去も今も、二遊間には「名手」「守備職人」と呼ばれるプロフェッショナルな選手がいる。セカンド、ショートとしての高い守備力はもちろんのこと、二遊間として息の合ったコンビプレーをどれだけ見せてきたか。そして、目の肥えた野球ファンだけでなく、我々同じプロ野球選手までもしびれさせてきた。

独断になるが、私が印象に残っている10コンビなどを、順に解説していこう。まずは、セカンド・荒木雅博、ショート・井端弘和という、中日が誇った「アライバ」コンビだ。二遊間のコンビにニックネームがつけられたのは、この2人が初めてではないだろうか。

ともに2004年から6年連続でゴールデングラブ賞を獲得した。実は同一球団の二遊間コンビで、2年以上続けてゴールデングラブ賞に輝いたのは阪急のボビー・マルカーノ選手と大橋穣選手（1975~76年）の一例しかない。これだけでも、アライバがいかに偉大な二遊間だったかがわかる。

2人に共通していたのは、取れるアウトを確実にアウトにしていたこと。派手さはないが、手堅いプレーでアウトを積み重ねる。コンビとして、堅実さはダントツに光っていた。チームにとっては、こういう選手たちがいちばん信頼できるのだ。ともにフットワーク良く足が動くために、ファインプレーをファインプレーに見せない技術も持っていた。

センター前に抜けそうなゴロをギリギリでセカンド・荒木選手がキャッチして、そのままグラブトス。ボールを受けたショート・井端選手がファーストへ送球してアウトにするといった難易度の高いプレーをよく披露していたが、安心して見ていた人も多いだろう。

チームメイトとして私が覚えているのは、2人ともキャンプ時からよくノックを受けていたこと。打撃練習よりもノックを受ける時間のほうが多かったのではないか。ボールを数多く捕ることによって、「アライバ」がブランド化するほどの成長を遂《と》げたのだ。

10年には、セカンド・井端選手、ショート・荒木選手というふうに、ポジションをチェンジした。井端選手は問題なくこなしていたが、荒木選手はスローイングにやや難があるため、ショートからファーストまでの距離感に苦労していたように見える。

考えてみれば、ショートからセカンドへのコンバートで成功した例は多いが、セカンドからショートのコンバートとなると、うまくいった例はほとんどないのではないだろうか。というより、事例そのものが少ないのかもしれない。投げる距離が長くなるということは、それだけ、内野手にとって大きな変化になるのだ。しかも荒木選手の場合は、ある程度の年齢になってからの転向だから、よけいに難しかったに違いない。

❷ 篠塚利夫《セカンド》&川相昌弘《ショート》［巨人］このうえなく華麗で、かつ上品なコンビ

ここからは、少し古い時代までさかのぼりたい。さかのぼると言っても、私の記憶に残っているところまでだが。私が中学から高校のころに憧《あこが》れていたのが篠塚利夫《としお》（のちの登録名：和典《かずのり》）さん。1981年、82年、84年、86年と、セカンドでゴールデングラブ賞を4度受賞。上品で華麗な動きが、今も脳裏によみがえる。グラブをしっかりと下に置き、強く低い打球に対してもグラブが上がらない。私に限らず、篠塚さんの守備に憧れた人は多いだろう。また、広角に打ち分けるバッティング技術もしなやかで美しかった。

川相《かわい》昌弘さんは、私のプロ入り2年目の89年ごろから、ショートのレギュラー格に成長。

篠塚利夫さん(上)の守備に憧れたプロ野球選手は多いだろう。川相昌弘さん(下)も言わずと知れた名手だ。

この年は98試合の出場だったが、堅実な守備と強肩が評価されて、初のゴールデングラブ賞を獲得している。ここから3年連続で受賞すると、92年には池山隆寛選手にその座を譲るが、93年、94年、そして96年にも受賞。8年間で6度も、名手が揃《そろ》うショートで守備の栄誉を手に入れた。

川相さんは腰を割って捕球するときに、右手がグラブの上にあったのが特徴的だった。まるで、ワニが大きく口を開くような感じを受ける。その理由を聞いたことはないが、職人ならではのこだわりがあったのだろう。

川相さんは、もともとは本格派のピッチャーだったと聞く。松井稼頭央選手や今宮健太選手らのように、「高校時代にピッチャーで活躍していた」というショートはけっこう多い。ピッチャーができるぐらいの身体能力、そして肩の強さがなければ、ショートの守備は務まらないと言えるだろう。

このころのセカンド・篠塚さんのパートナーのショートには、ほかに、河埜《こうの》和正《かずまさ》さん、岡崎郁《かおる》さんらがいる。センター前に抜けそうな打球を捕ったセカンド・篠塚さんからボールを受けた河埜さんが一塁に送球して打者走者を刺した華麗なシーンは、名プレー集の代表的な映像として残り、「アライバ」の連係プレーの原型のようだった。そんな守備の名手・河埜さんだが、現在のゴールデングラブ賞にあたる「ダイヤモンドグラブ賞」の獲得はわずか1回。同時期のショートに、同賞獲得8回の「守備の天才」山下大輔《だいすけ》さん（元大洋）がいたのは、不運としか言えない。それでもイメージ的に、篠塚さんの相方は河埜さんで良いのではないかと思われる方もいるかもしれないが、実は河埜さんは、86年に引退。88年プロデビューの私と現役が重なっていないので、今回は外させていただこうと思う。また、篠塚さん&岡崎さんのコンビだと、若干《じゃっかん》、打撃偏重型に思える部分もある。ということで、河埜さんと遜色《そんしょく》ない守備力を誇り、篠塚さんとの華麗で上品なコンビプレーをたびたび披露してくれた川相さんをパートナーとさせてもらった。

❸ 高木豊《セカンド》&進藤達哉《ショート》［横浜大洋］ 小柄な「スーパーカー」が、苦労人の成長を促進!?

高木豊さんは、加藤博一《ひろかず》さん、屋敷要《やしきかなめ》さんとともに、横浜大洋ホエールズの「スーパーカートリオ」の一員として活躍し、84年には初の盗塁王に輝く。通算で321個もの盗塁を決めてきた。足を武器に広い守備範囲を誇ったセカンドで、83年にゴールデングラブ賞を獲得している。高木さんの身長は173センチで、私と同じだ。ショートには「大型ショート」と呼ばれる選手が生まれることがあるが、セカンドはどちらかというと、小柄で小回りが利く選手が活躍しているように感じる。183センチの今岡誠選手（元阪神／03

年にゴールデングラブ賞）、１８０センチの荒木雅博選手のように、まれに大きな選手もいるが、小さくても戦えるのがセカンドの魅力とも言えるだろう。

進藤達哉《しんどうたつや》選手は、サードで97年から99年まで3年連続でゴールデングラブ賞に輝いた守備職人。サードでのイメージが強いかもしれないが、ショートの守備も抜群のうまさを見せた。捕球から送球まで一連の動きに無駄がなく、「堅実」という言葉がピタリと合う。とくにスローイングの安定度が光り、自チームは「捕ったらアウト」と安心して見ていられただろう。その安定がどこから生まれるかというと、右足をしっかりとステップして投げているからにほかならない。堅実な守備が売りの選手ほど、守備の基本を丁寧《ていねい》に実践している。セカンドでも安定した守りを見せ、内野ならどこでもできる器用さを持っていた。やはり、スローイングが安定している選手は、複数のポジションを守れるものなのだ。

進藤選手と私は同い年で、彼の高岡商業高校（富山県）と私のＰＬ学園高校は、甲子園で対戦もしている。プロ入りも同期で気になる存在であり、良きライバルとなっていった。だが、もともと彼は、ドラフト外での入団。そこからゴールデングラブ賞を3度も受賞する選手に成長するのだから、人の評価とはわからないものだ。

ちなみに98年に横浜ベイスターズが日本一に輝いたときは、谷繁元信選手（キャッチャー）、駒田徳広《のりひろ》選手（ファースト）、ロバート・ローズ選手（セカンド）、進藤選手（サード）、石井琢朗選手（ショート）がゴールデングラブ賞を獲得した。この年は「マシンガン打線」と形容された攻撃力が際立っていたが、内野陣の守りも非常に安定していた。繰り返しになるが、安定した守りがなければ、シーズン通して勝ち星を積み重ねていくことはできないのだ。

高木さんと進藤選手は11歳の年齢差があるため、2人が二遊間を組んだ記録が残る89年から92年の5年間の中でも、両選手が二遊間のレギュラーとして君臨したのは92年のみと言ってもいい（高木さんがセカンドとして131試合に出場、進藤選手がショートとして104試合に出場）。ただ、この年をきっかけに、進藤選手はチームの主力となったのだから、高木さんと組んだ二遊間は大きな意味があったのだろう。コンビ期間は短い2人だが、ベテランが若手の成長を促した好例で、また、私と同世代のライバルプレーヤーも本名鑑で取り上げたいということもあり、ここに挙げさせていただいた。

4 湯上谷竑志《セカンド》＆浜名千広《ショート》［福岡ダイエー］
マネできない高速併殺は、共同作業で完成

福岡ダイエーで活躍したセカンド・湯上谷竑志《ゆがみだにひろし》さんのダブルプレーの動きは、簡単にはマネできないぐらいのスピードがあった。右足で二塁ベースを踏み、捕球と同時に握り替

えまで完了して、パパパッとファーストに投げる。もう、この動きが天下一品。地肩の強さもあったが、しっかりとしたステップワークでスローイングにつなげていた。5－4－3、6－4－3のプレーは、今のプロ野球選手にもお手本にしてほしいぐらいだ。

投げる動きを素早くしたいと思うのであれば、足を動かすスピードを上げること。上半身だけ素早く動かすのには限界があるので、ステップも素早く踏む。そうすれば、下の動きに上がついてくるようになるのだ。

湯上谷さんは、84年オフのドラフト2位で当時の南海ホークスに入団。87年には99試合に出場し、翌年のレギュラー獲《ど》りのきっかけを作った。私は87年オフのドラフトでプロ入りするわけだが、ドラフト会議で1位に指名してくれたのが中日と南海だった。もし、抽選で南海が引き当てていたら、湯上谷さんと二遊間を組む可能性もあったのかもしれない。実際に、南海にはこのようなプランがあったと聞く。そう考えると、人の運命はどこでどう変わるかわからないものだ。

湯上谷さんの握り替えが安定していたということは、「コンビを組むショートがボールを早く放し、回転のいいボールを投げていたから」とも言える。湯上谷さんが最も活躍した90年代前半、福岡ダイエーで主にコンビを組んでいたショートは浜名千広《はまなちひろ》選手。ダブルプレーを完成させるには、2人の力が必要不可欠なので、浜名選手も大いに貢献していたと言える。なお、浜名選手は、バントや盗塁など攻撃面の小技も光るプレーヤーで、当初ショートを守っていたが、97年の井口資仁《ただひと》（当時・忠仁《ただひと》）選手の加入にともない、セカンドにコンバートされている。

❺ 辻発彦《セカンド》&奈良原浩《ショート》［西武］　黄金時代の西武を支えた守備職人コンビ

辻発彦《はつひこ》さんは、西武ライオンズ黄金時代を支えた名セカンドだ。86年にゴールデングラブ賞に初めて輝くと、88年からは7年連続で受賞。計8度のゴールデングラブ賞は、内野手では史上最多の記録だ。

88年と言えば、私のプロ1年目となるわけだが、辻さんは雲の上の人。私がセカンドに移るときには、辻さんのグラブの型を参考にさせてもらったこともあった。セカンドにしては大きいグラブにもかかわらず、握り替えが早い。ボールを捕るというよりは、当てるようにしてグラブを使っていたのだと思う。

辻さんの守備をひと言で表せば、「安定感」。「ザ・守備職人」と呼びたくなるような堅実さで、ピッチャーが打ち取った当たりを確実にさばいていた。球際に強く、ギリギリの打球でも足を使って追いつく。「外野になかなか打球が抜けない」と感じたバッターも多かったのではないだろうか。肩は決して強いほうではなかったが、フットワークと握り替えの早さでダブルプレーを完成させていた。

ときに守備固めで起用され、辻さんとコンビを組んでいたのが奈良原浩さん。打力に課題があったが、ショートの守備だけ見れば、歴代トップクラスと言っていいだろう。90年オフのドラフトで指名されると、91年から内野ならどこでも守れるユーティリティプレーヤーとしての存在感を高めていった。常に低い姿勢を保ち、頭を上げずにボールに入っていくことができる。目線がぶれないので、捕球に安定感があった。

当時の西武は、田辺徳雄さんがレギュラーショートを務め、ゴールデングラブ賞を2度受賞。スタメンに加え、奈良原さんのようなサポートする守備固めまでレベルが高かったわけで、あれだけの強さを誇っていたのもうなずける。レギュラーショートの田辺さんには申し訳ないが、ここでは「守備職人コンビ」という特性を考慮し、辻さんの相方にはあえて奈良原さんを選ばせていただいた。

現在、辻さんは中日の守備・走塁コーチ、奈良原さんは古巣・埼玉西武で同じく守備・走塁コーチを務めている。名手の薫陶《くんとう》を受けた守備職人の出現に期待したい。

ちなみに、2人がプレーしていた92年、西武はプロ野球史上2例目の大記録を打ち立てている。9ポジションのうち8ポジションで、ゴールデングラブ賞を受賞したのだ。これ

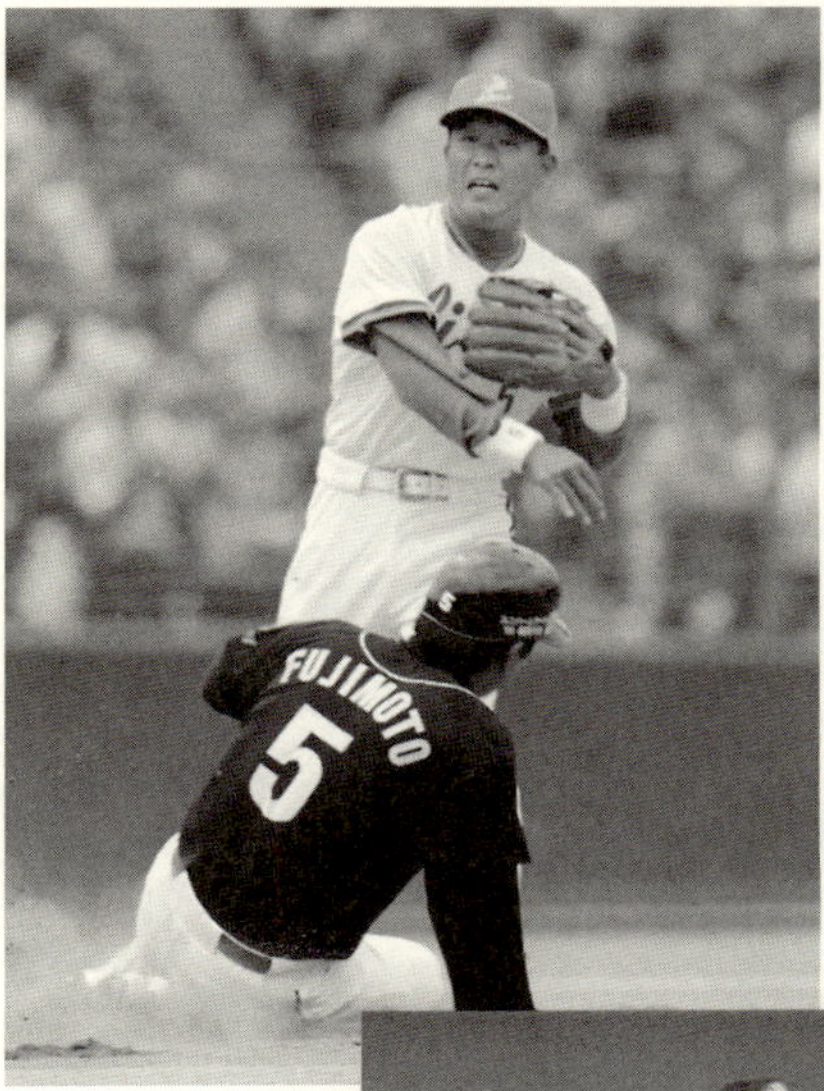

現在は、辻発彦さん（上）が
中日で、奈良原浩さん（下）
が埼玉西武で、ともに守備・
走塁コーチを務めている。

は、78年の阪急に続く快挙。これだけ優れた野手が守っていれば、ピッチャーは気持ち良く投げられただろう。近年では、09年に北海道日本ハムが7ポジションで獲得している。

❻ 藤田一也《セカンド》&松井稼頭央《ショート》【東北楽天】 捕球後のスピードに優れた二塁手と、送球のスピードに秀《ひい》でた遊撃手

ここからは、比較的新しい二遊間コンビを挙げていきたい。東北楽天の藤田一也選手は13年と14年にセカンドでゴールデングラブ賞を獲得。13年は田中将大《まさひろ》（現ニューヨーク・ヤンキース）投手の24連勝もあり、楽天が初の日本一に輝いたが、藤田選手の堅守も優勝に大きく貢献していた。

藤田選手の守備の記録を見ると、13年は失策6個で守備率9割9分1厘、14年が失策4個で守備率9割9分4厘。「守備がうまい」というイメージを持っている読者が多いと思うが、記録上も安定した数字を残している。打球をさばく回数が多いセカンドにおいて、年間失策が1ケタ、しかも6個以下というのはとてつもない数字と言える。

守備の特長を挙げると、ボールを放す感覚に優れている。とくに5－4－3、6－4－3でのダブルプレーのときに、これが生きてくる。握り替えからリリースまでのスピードがハイレベル。努力してつかんだ部分もあるとは思うが、これはある程度、持って生まれ

た才能もあるだろう。ホームランを打つことや、豪速球を投げられることと同じように、ボールを素早く放す感覚も才能の1つ。数多くの内野手を見てきた経験上、そう感じる。

私の母校・PL学園高校の後輩でもある松井稼頭央選手は、97〜98年、02〜03年と、ショートで計4度のゴールデングラブ賞を獲得。高校ではピッチャーをやっていて、西武に入団してから、本格的に内野手に転向した。プロで頭角を現してきたとき、その身体能力の高さに驚かされたファンも多いだろう。97年から99年には3年連続で盗塁王に輝き、97年には62個もの盗塁を成功させた。打つほうでは97年から7年連続で打率3割以上を記録。02年には「トリプルスリー」も達成するなど西武の顔として活躍を続けた。一時メジャーリーグに在籍していたが、11年からは東北楽天でプレー。藤田選手の同僚となっている。

松井選手は元投手で地肩が強い。何度かキャッチボールしたことがあるが、球威があり、強い回転が加わっているため、グラブの芯《しん》で捕ると手が痛かった思い出がある。

セカンド・藤田選手が捕ってからのスピードに優れていれば、ショート・松井選手は投げる球のスピードに秀《ひい》でている。少々、無理な体勢からでも地肩の強さを生かしてズドン。これが、日本人にはなかなかできることではないのだ。おそらく、ショートからファーストまでの全力送球の球速をはかると、全盛期は140キロ近く出ていたのではないだろうか。それぐらい松井選手の送球にはスピードがあった。日本復帰後の松井選手の球速はさすがに少し落ちていただろうが、それでも、スピードに秀でた2人が揃った相乗効果で、4－6－3のダブルプレーは素早く完成されていた。だからこそ、14年を最後にこの二遊間コンビが解消されたのは惜しい気がしたが、松井選手が出場機会を求めて外野へのコンバートを志願したとのこと。それなら彼の選択を尊重するしかない。

7 菊池涼介《セカンド》&田中広輔《ショート》［広島］ともに補殺王！ 新時代のスーパー二塁手と、好打の遊撃手

従来のセカンドのイメージを変えたのが、広島の菊池涼介選手だ。

いや、「変えた」というよりは「壊した」と表現したほうがいいかもしれない。どちらかと言えば、セカンドには地味で目立たない印象を持つ人が多いと思うが、菊池選手は派手なプレーも多くよく目立つ。俊足で強肩という高い身体能力に器用さを兼ね備えた守備は、それだけでお金を取れるプロ野球選手と言ってもいいだろう。解説者としてネット裏から試合を見ていても、次はどんな守備を見せてくれるのか、ワクワクするほどだ。

ライト前の打球まで捕ってしまう守備範囲の広さに、アクロバティックなグラブトス。私には到底できなかったプレーだ。しかも、年々、安定感が出るようになっている。セカンドでの補殺数は、3年連続両リーグで1位だ（13〜15年）。

しかし、セカンドがこれだけ目立つと、相方のショートは、少しやりづらいかもしれない。バッティングのいい田中広輔選手に期待をしたいが、15年はショートで22失策を記録してしまった。確かに、天然芝のマツダスタジアムの内野は難しい。人工芝を本拠地とするショートよりエラーが増えるのは仕方ない面もあるが、16年シーズンは15個以下には減らしたいところだ。ただ、15年の田中選手の補殺数は、両リーグのショートで1位(476個)。それだけ守備機会があるので、おのずと失策数も多くなっているきらいがある。

ともに守備範囲が広い「補殺王」の2人だが、今後どうコンビプレーを磨くか、注目だ。なお、本書収録の菊池選手と私との対談では、田中選手とのコンビの話も飛び出している(69ページ)。こちらも合わせて読んでいただければ、より2人の関係性がわかるだろう。

広島のショートと言えば、10年には梵英心《そよぎえいしん》選手がゴールデングラブ賞に選ばれた。手堅い守備で確実にアウトを取るタイプで、この年の失策数はわずかに7個。補殺数462個も、セ・リーグナンバー1の数字だった。しかし、11年に自打球を左ヒザに当てて、膝蓋《しつがい》骨骨挫傷《こつこつざしょう》で長期離脱。12年にショートのレギュラーに復帰したが、失策数は22個。内野手にとって、足は命である。ヒザをケガすると、復帰したとしても、自分にしかわからない違和感が残ることがある。梵選手の堅守が戻れば、内野陣、そしてチームにも大きな安心感が生まれる。田中選手にも刺激を与え、その成長に寄与するのではないか。

8 田中賢介《セカンド》&中島卓也《ショート》［北海道日本ハム］ 経験豊富なベテランと気鋭の若手！ 同郷の師弟コンビ

今のプロ野球界で最も安心して見ていられる二遊間が、北海道日本ハムのセカンド・田中賢介選手とショート・中島卓也選手のコンビだろう。二遊間のレギュラーが定まっていないチームが多い中、日本ハムはこの2人でほぼ固定。やはり固定されたコンビのほうが、互いの特徴がわかり、息を合わせやすいのはすでに解説したとおりだ。相手が変われば、ポジショニングが変わり、スローイングの質やベースカバーのタイミングも変わってしまう。

私がもし、どこかで指導者をやる機会があれば、ポジションは二遊間から決めたい。二遊間がガチッと決まれば、内野の要が安定し、取れるべきアウトを確実に取れるからだ。

田中選手は06年から5年連続でセカンドのゴールデングラブ賞を獲《と》るなど、実績も安定感も十分。一方の中島選手は08年にドラフト5位で入団後、コツコツと練習を重ね、今のポジションを勝ち取った。15年はプロ入り初めて143試合フル出場を果たし、34盗塁で盗塁王を獲得。日本代表「侍ジャパン」にも名をつらねた。

中島選手は高校時代からフィールディングに定評があり、日本ハムも守備力を買ってドラフトで指名をしたと聞くが、体力がつき、バッティングも向上。13年が2割3分8割、

同郷（福岡県）で同チームという、まさに師弟二遊間コンビの田中賢介選手（上）と中島卓也選手（下）。

14年が2割5分9厘、15年が2割6分4厘と、打率は少しずつ上昇。ミートポイントが近く、追い込まれてもファウルで粘れるのが特徴だ。フリーバッティングを見ていても、引っ張る打球がほとんどない。なにが自分の仕事なのか、しっかりと自覚している。守備がうまければ、試合で使ってもらえる。そうして、一軍の試合を経験していけば、打席での余裕が生まれたり、配球を読めるようになって、打てるようになることがあるのだ。元東京ヤクルトの宮本慎也選手が、そのいい例だろう。パワーがあるわけでも、スイングスピードが速いわけでもないが、コツコツと安打を積み重ね、ついには2000本安打を達成。PL学園高校で1つ下の後輩になるが、高校時代の彼を見て、プロで2000本打てるなんて思った人は誰もいないはずだ。中島選手も、宮本選手のようなステップアップをたどっていく可能性がある。練習に取り組む姿勢もいいと聞くので、これからの成長が楽しみだ。

なお、中島選手は同じ福岡県出身の田中選手に憧れていたそうで、2人は師弟関係とも言える仲。ほかのチームメイトもまじえ、ここ数年、1月の自主トレを一緒に行っている。メジャーリーグ挑戦から15年に古巣・日本ハムに戻った田中選手が、8月にヒーローインタビューを受けた際、中島選手とのコンビを「新婚1年目みたいなもの」と話すと、球場がわき、そのフレーズを印刷した球団の公式グッズまで作られた。こうした仲の良さも、プレーのコンビネーションに生かされているのかもしれない。

9 本多雄一《セカンド》&今宮健太《ショート》［福岡ソフトバンク］合わせてGG賞《ゴールデングラブ》5回。コンビとして最高の身体能力

福岡ソフトバンクのセカンド・本多雄一選手とショート・今宮健太選手は、2人合わせてゴールデングラブ賞に5度輝いているコンビだ。守備範囲が広く、足がよく動くため、球際の打球がなかなか外野に抜けない。投手からしてみれば、信頼度の高い二遊間だ。

本多選手は自慢の足を武器に、10年、11年に盗塁王を獲得。11年と12年には2年連続でゴールデングラブ賞を勝ち取った。13年には第3回WBCメンバーに選ばれ、名実ともに球界を代表するセカンドとなった。だが、14年に左手薬指にデッドボールを受けて骨折してしまうと、15年には一塁を駆け抜けた際に右足首を捻挫《ねんざ》。一軍復帰までに3か月も要してしまった。第1章でも紹介したが、15年のソフトバンクは本多選手を含めて実に5人もの選手がセカンドで出場。それだけレギュラー争いが熾烈《しれつ》だったとも言えるが、一方ではレギュラーを固定できなかったとも見てとれる。本多選手はケガが続いていただけに、「今季こそ」の思いがあるに違いない。万全な状態でのこのコンビを見てみたい。

今宮選手は13年から3年連続でのゴールデングラブ賞。本書の対談に協力してもらい、ショート目線の二遊間論を披露してくれた。そこで語っているように、足を使ってボールを投

げられれば、送球ミスが減るはず。全力で投げることはできるだけに、あとは足で投げられるか。オールスターのホームラン競争で、自信を持ってピッチャーをやれるようになれば本物だ。

本多&今宮は、2人合わせたコンビでの「身体能力の合計数値」という概念で見てみれば、他を凌駕《りょうが》する現役屈指の二遊間だろう。

10 菊池涼介《セカンド》&今宮健太《ショート》［日本代表］近未来のドリーム二遊間定着に期待

球界を代表するセカンドとショートの夢のコンビ。本名鑑ですでに所属チームの仲間を相方として登場している広島・菊池涼介選手と福岡ソフトバンク・今宮健太選手が、「真剣勝負」の場で、例えば国際大会の日本代表「侍ジャパン」で二遊間を組んだら、どんなプレーを見せてくれるか。実は、2人は14年秋、日米野球（親善試合）の際の侍ジャパンですでにコンビを組み、出場している。常に一緒にプレーしている同一球団のチームメイトとは違うために、コンビの息を合わせるのに時間がかかるだろうが、それを超えるだけの能力を持つ。

ただ、侍ジャパンで常時スタメンを務めるとなると、ともにバッティングの強化が不可欠となる。今宮選手のバントのうまさは確かに魅力ではあるが、シーズン打率をもっと上げていきたいところだ。

日本代表のセカンドには「トリプルスリー」を達成した山田哲人選手（東京ヤクルト）がいて、彼の守備は年々安定感が増している。「打てるセカンド」というのは、希少価値が高いだけに、菊池選手とのレギュラー争いも楽しみだ。守備では藤田一也選手（東北楽天）、打つほうでは浅村栄斗《あさむらひでと》（埼玉西武）選手らも、魅力のある選手だ。

ショートには、巨人の坂本勇人選手という好打者が侍ジャパンに君臨。先ほど触れた、北海道日本ハムの中島卓也選手らも着実に進化している。こちらも、ポジション争いは面白い。

17年には、いよいよ第4回ＷＢＣが開催される。侍ジャパンの目標は、このＷＢＣで優勝すること。第3回大会の悔しさは、もう味わいたくない。これは日本の野球に関わるすべての人、そしてファンの思いだろう。日の丸を背負って二遊間を守るのは誰になるのか。今シーズン、新たにブレイクする若手が生まれるのか、あるいは実績ある選手がその力を見せつけるか。侍ジャパンの二遊間を予想しながら観戦するのも、おすすめだ。

番外編 立浪和義《セカンド》&久慈照嘉《ショート》［中日］機敏な遊撃手と著者の余裕あふれるコンビ

最後に番外編として、私のケースを紹介しておきたい。中日の「セカンド・立浪」から見て、堅実な守備が光っていた同僚ショートが、同い年の久慈照嘉選手だ。読者によっては阪神時代のイメージが強いかもしれないが、中日でも98〜02年の5年間プレーしている。小回りが利いて、機敏に動く。なにより、ボールを放すのが早く、スローイングに安定感があった。ショートが早く放してくれれば、ダブルプレーを狙うときにも余裕が生まれる。セカンドとしては、スライディングにつぶされる恐怖心があるため、久慈選手と組むときは、「早く放してくれる」という安心感があった。

中日ではレギュラーではなかったが、千葉ロッテに移籍後、開花した酒井忠晴《ただはる》選手（現東北楽天二軍内野守備・走塁コーチ）の守備もプロではトップレベルだった。流れるようなプレーで、捕ってからが早いうえに肩も強い。ただ、ときに雑なプレーが出ることもあったが……。

なお、私がセカンドで、ショートに経験が浅い年下の選手が入っても、二遊間の主導権はショートが握る。牽制《けんせい》のサインも、ショートが出す。二塁ベース付近の、セカンドもショートも追っている打球に関しても、主導権はショート。ショートは流れのままファーストに投げられるので、ショートを自由に動けるようにしたほうが、きわどい当たりをアウトにできる。私が安心して久慈選手に主導権を握ってもらっていたのは、言うまでもない。

ちなみに、「ショート・立浪」として思い出深いセカンドは、やはり宇野勝さんだろうか。私が入団するまでは、ショートのレギュラー。打力だけでなく守備にも優れ、まだ若い私に対して様々なアドバイスも送っていただき、大変ありがたかった。

第6章　他ポジションとの連係&攻撃との関係性

「ノールック」「ワンルック」の二塁牽制《けんせい》など、バッテリーとの連係

最後の第6章は、二遊間のダブルプレー以外のコンビプレー、他ポジションと二遊間の連係プレー、二遊間守備と攻撃の相関関係などについて解説したい。セカンド、ショート以外のポジションの守りや、打撃・走塁にも活用できる極意を網羅している。

野球の用語をよくよく見てみると、「二遊間」をはじめとして、「一、二塁間」「三遊間」「左中間」「右中間」「投内連係」「内外野」「バッテリー」というように、複数の選手がからんだ表現を目にする。アウトを取るためには、チームメイトとの連係が必要不可欠なのだ。

まずは、二遊間とバッテリーのからみから。どんなプレーがあるかと言えば、代表的なのが牽制球《けんせいきゅう》だ。二塁牽制の場合は、セカンドが入ったり、ショートが入ったり、ピッチャーにしても右回りや左回りなど、いくつかのバリエーションが存在する。

初めに、守備側が牽制球を投げる意味について少し考えてみたい。基本的に、ピッチャーはバッターに集中したいため、牽制をいやがることが多い。プロ野球になると、一塁牽制も二塁牽制も内野手やキャッチャーからのサインであることがほとんどで、よほど牽制に自信があるピッチャーでなければ、自分から投げることはまれだ。

近年は、セットポジションからのクイックの技術も高くなってきていて、トップレベルのピッチャーで1・1秒台。これだけのクイックを持っていれば、盗塁を決められる可能性は低い。クイックがうまければ、しつこい牽制はいらないのかもしれない。

それでも、二遊間の立場からすると、牽制がゼロでは困る。牽制で、相手にプレッシャーをかけたり、狙いを探ったり、間合いを外すことができるからだ。「牽制＝ランナーをアウトにするためのプレー」と考えがちだが、牽制死は1年間に数えるほどしかない。二塁牽制の役割の1つは、二塁ランナーのリードを小さくすること。小さくといっても、1～2歩程度。ランナーに「速い牽制があるな」と思わせるだけで、リードの幅が狭くなる。たかだか、1～2歩と思うかもしれないが、この差が三塁や本塁でのアウト・セーフを分ける。

だから、二塁ランナーのリードが大きいと感じれば、二遊間は牽制のサインを送る。たいていはショートに主導権があるため、ショートがブロックサインを出すチームが多い。

プロでよく使われるのが、「ノールック」と呼ばれる方法だ。ショートが二塁ベースに入る動きに合わせ、キャッチャーがミットを落とす。「ノールック」の名前のとおり、ピッチャーは二塁ランナーの動きを見ない。キャッチャーが出すサインに首を振りながら、ミットの落としに合わせて牽制をする。ポイントは、ショートが入るタイミング。二塁ランナーの重心が右足に乗ったタイミングで入ると、ランナーは逆を突かれやすい。また、投手がサインに首を振っているときは、「牽制は来ない」と決めつけるランナーがいて、隙《すき》が生まれる。

二遊間からすると、リードをしながらキョロキョロしているランナーは刺しやすい。目がピッチャーから離れた瞬間に、ベースに入ればいいからだ。また、ちょっと汚い技だが、二塁ランナーに声をかけて油断させた中で、ピッチャーに牽制を入れさせることもあった。

「ノールック」のほかに、「ワンルック」という方法もある。ピッチャーはランナーを一度見たあと、キャッチャーを見る。ここから何秒かたったあとに、二塁に牽制するというやり方だ。ランナーは、ピッチャーの顔がホームに向くと、リードを広げることが多いので、そこを逆手《さかて》にとった牽制と言える。ホームを見てから1秒のときもあれば、2秒のパターンもある。このあたりはチームによって約束事が違う。

牽制が得意なピッチャーは、自ら「次に牽制を投げるよ」というサインを出してくる。私がよく覚えているのは、中日でともに戦った西本聖さんだ。西本さんは牽制が大の得意で、牽制を投げることも好き。実際に刺したことも何度かあった。長く二遊間をやらせてもらったが、自分で牽制のサインを出したピッチャーは西本さんだけだったように思う。

投げづらい雰囲気を感じたり、もう一度集中し直したいときは、プレートを外すピッチャーも多い。プレートを外して、ロジンを触り、深呼吸をする。こうやって時間を使うことによって、バッターのリズムが崩れることがある。バッターは1球1球集中して、ピッチャーに全神経を向けているので、間合いを外されると、いやなもの。間合いをうまく使っていくことによって、バッターのペースを乱していく。

盗塁に対するベースカバーの際の二遊間連係、外野の動き

二盗を仕掛けられたときに、セカンドとショートのどちらが二塁ベースカバーに走るか。まず、考えなければいけないのはバッターのタイプだ。右打者ならば右打ちがうまいのか、それとも引っ張り中心か。ランナーがいないときは引っ張りタイプでも、ランナーが一塁にいるとライト方向を狙うバッターもいるので、状況に応じた特徴を頭に入れておきたい。

セオリーでは、左バッターの外に投げるのであればセカンドが、右バッターの外ならショートが、ベースカバーに入る。もちろん球種によっても変わってきて、左バッターに対して外のゆるいカーブであれば、引っ張る可能性が生まれるので、ショートがベースに入る。

二遊間はこれらのことを考えながら、1球1球、お互いだけが見えるようにグラブなどで隠しながら口のサイン(「あ」の口のときはショート、「ん」の口のときはセカンドなど)で意志の疎通を図っている(143ページ参照)。とはいえ、試合の流れの中で即決することは難しいので、あらかじめ、「こういうときは、どちらが入る」という基準を設けることが必要だ。

しかし、バッテリーのサインが決まったあとに二塁ベースに近づきすぎると、バッターに「セカンド（ショート）が入るのか」と、ばれてしまう。どちらが二塁ベースに入るかが事前にわかれば、スペースができる定位置周辺を狙うバッターもいるので、できる限り、相手にばれないようにしたい。

二遊間にとって難しいのは、攻撃側には「ヒットエンドラン」「ランエンドヒット」という選択肢があることだ。ヒットエンドランとは、ランナーが投球と同時にスタートを切ってバッターも必ず打つという走と打がセットの作戦で、ランエンドヒットは、ランナーがスタートを切ったときにバッターも打てばそうなるというもの。前者は明確な戦術で、後者はストライクのときには打つという作戦の場合や、走と打が重なり結果的になってしまったものという違いはあるが、いずれにしても、ランナーが走ってバッターも打ちにいくという面では同じ。

ランナーが走ったからといって、つられて二塁方向に動くと、これもまたヒットゾーンを広くする。二遊間が気をつけることは、「バッターのインパクトまでは、できるだけ定位置周辺で粘る」ということ。たとえ、ランナーが走ったのが見えても、バットとボールが当たるまでは、可能な限り打球に集中する。二塁ベースからどれぐらいの距離であれば、カバーに入れるかを、練習のときからさがしておきたい。

気をつけたいのは、2アウト一塁、フルカウントで、二塁ベースカバーは必要ないということ。ストライクであれば三振でチェンジ、ボールならフォアボールとなるため、攻撃側は自動エンドランをかけてくる。それでも、守備側にとっては一塁ランナーの動きは関係なし。事前にチーム全員で確認して、ボーンヘッドが出ないようにしておきたい。

なお、この状況では外野手は定位置よりも後ろに下がる。2アウト一塁、フルカウントで怖《こわ》いのは、長打で失点してしまうこと。ランナーのスタートが通常よりも早くなることを頭に入れて、外野は後ろへ。プロ野球を球場で見る機会があれば、このあたりの守備位置の変化にも注目してほしい。ベンチにいる守備・走塁コーチから、細かい指示が出ているはずだ。では、一、二塁でダブルスチールを仕掛けられたときはどうか。ほとんどのケースで、キャッチャーは三塁でアウトを狙っていく。その場合は、二遊間の二塁ベースカバーはやや遅めでもいいことになる。

一、三塁ダブルスチール時の二遊間と他ポジションの連係

近年は一、三塁からダブルスチールを仕掛ける球団が多くなったように感じる。その傾向は、16年のコリジョンルール採用にともない、より顕著になってきているのではないか。

2015年5月10日には、広島が阪神相手に成功させている。5回表二死一、三塁、打者がライネル・ロサリオ選手のときだ。一塁ランナーの丸佳浩《まるよしひろ》選手がスタートを切ると、キャッチャーの藤井彰人《あきひと》選手が二塁へ送球。この送球の高さを見て、三塁ランナーの田中広輔選手がホームを陥《おとしい》れた。丸選手は「キャンプで練習してきたことが、1回でできて良かった」、田中選手は「ピッチャーのカットだけ注意した。投げた瞬間、ボールが高かったし、思いきっていった」とコメントしている。

各球団とも、キャンプでは一、三塁の攻め方・守り方の練習に時間を割《さ》く。野球においていちばん守りにくいのが一、三塁で、攻撃側に得点が入りやすいのも一、三塁という説もある。このとき、二遊間にはどのような対応が求められるのか。二死一、三塁なら、二遊間は定位置。ダブルスチールに対する守り方はベンチ内の守備・走塁コーチからサインが出て、キャッチャーに伝えられることが多い。

キャッチャーがホームベースの前に立ち、ブロックサインを出す姿を見たことがあるだろうか。あれは、野手陣に守り方を伝えているのだ。キャッチャーがどこに投げて、誰が捕るのか。それが、ブロックサインには含まれている。

考えられるサインは4通り。「ノールック二塁送球（二遊間のどちらが入るかは、配球やバッターによって決まる）」「ピッチャーカット」「二塁送球偽投《ぎとう》からの三塁送球」「三塁送球」だ。

守備側がまず考えることは、その状況だ。無死一、三塁でダブルスチールを仕掛けてくることはまずない。ノーアウトの場面で、そこまでのリスクを負いたくないからだ。では、一死ではどうか。犠牲フライでも1点が入るケースなので、可能性としてはまだ高くはない。警戒すべきは二死のときだ。とくに、下位打線でヒットの可能性が低いバッターとなれば、ランナーを動かしたほうが得点の確率が上がっていく。

「ノールック二塁送球」とは、キャッチャーが三塁ランナーを警戒せずに、二塁に投げること。ショート（あるいはセカンド）は三塁ランナーの動きを見ながら、前に出て捕るか、二塁ベース上で捕るかを決める。三塁ランナーが走っていれば、前に出て捕球し、そのままホームへ投げる。私が現役時代、中日ではキャンプのときからこの練習をよくやっていた。三塁ランナーをあえて走らせて、ホームで殺す。よほど三塁ランナーのスタートが良くない限り、アウトにできる。高度な技術でリスクもともなうが、プロならではの連係プレーだ。

「ピッチャーカット」は、その名のとおり、ピッチャーがマウンド上でカットをする。一塁ランナーの盗塁は無視をして、二死二、三塁からの再開でOKという考え方だ。三塁ランナーをおびき出すには、キャッチャーの送球の高さがカギを握る。広島・田中選手の「投げた瞬間、ボールが高かった」というコメントのとおり、三塁ランナーは送球の高さを注視している。ピッチャーの胸の高さなら、ピッチャーカットの可能性があるので自重。こ

一、三塁からの盗塁に対する守備

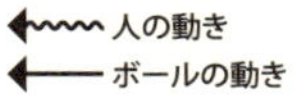

☆一塁ランナーのみ盗塁の場合

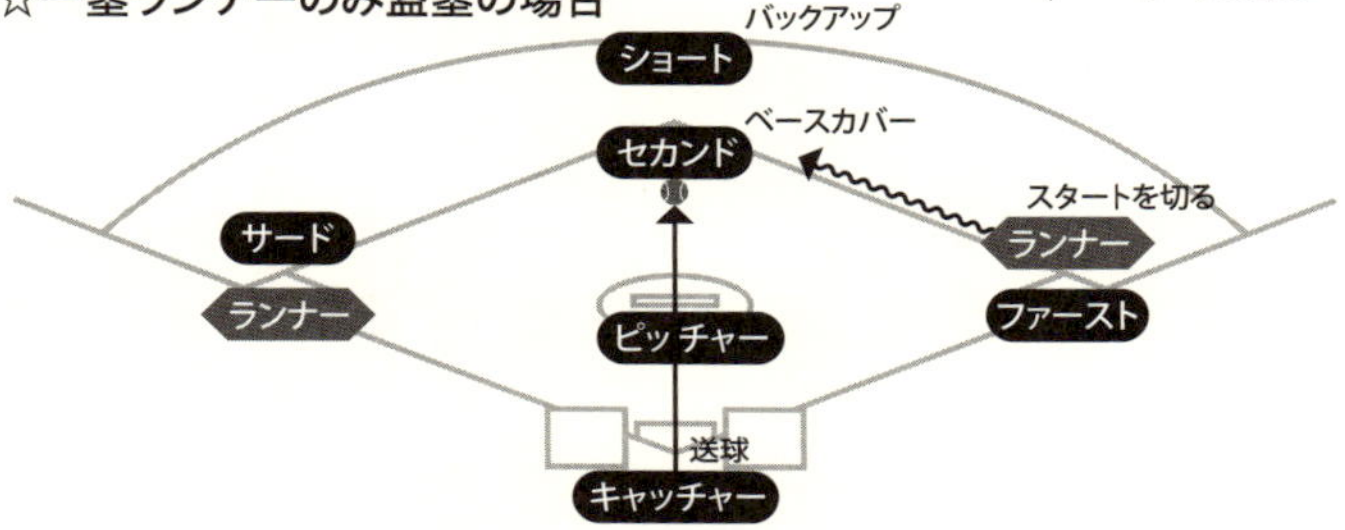

☆三塁ランナーも盗塁の場合①
ピッチャーがカット

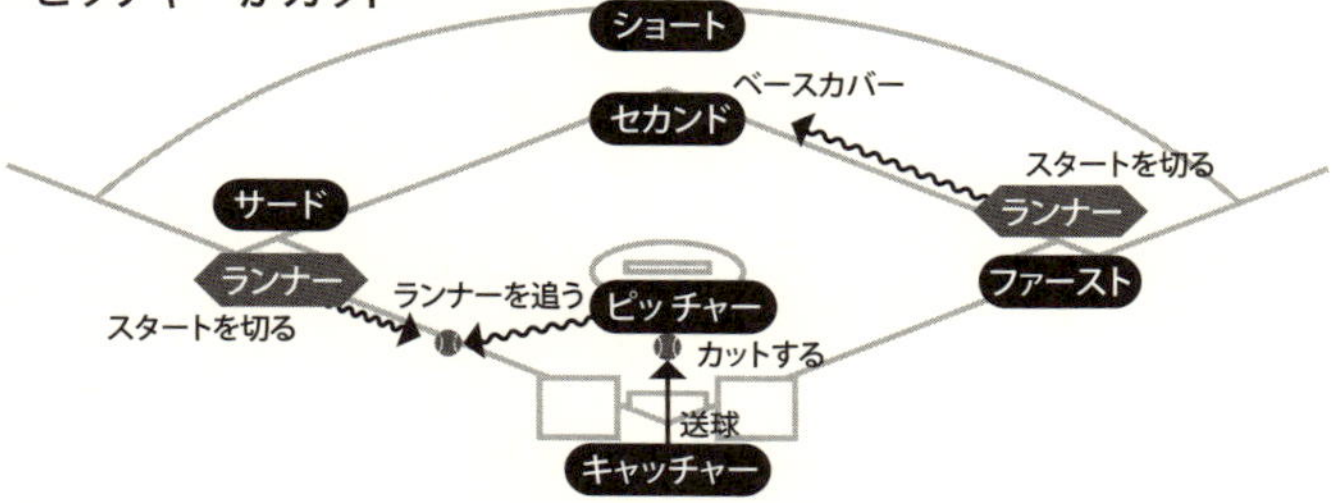

☆三塁ランナーも盗塁の場合②
ショートがカット
（あるいはセカンド）

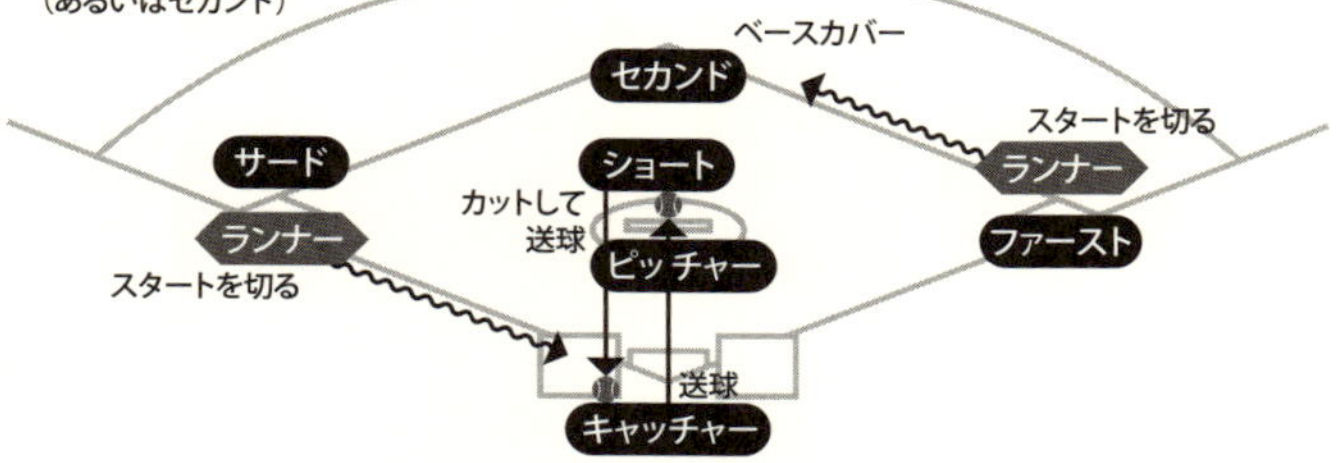

上記は、捕手が投手、二塁ベース方向へ送球する例。ほかに、「二塁送球偽投からの三塁送球」「三塁送球」がある。三塁走者を本塁へ還さぬため、バッテリーと二遊間ら内野の連係が必要。

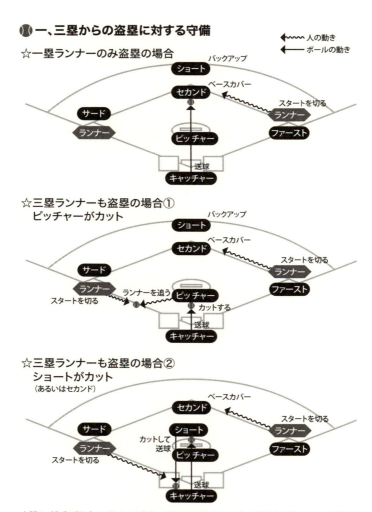

れが、腕を伸ばして捕るような高さであれば、スタートを切ってくることがあるのだ。「三塁送球」には2パターンがある。二塁に投げるフリをしてからの送球と、投球を受けた瞬間に一塁ランナーの動きは無視して三塁に投げること。ピッチャーカットか二塁送球しか頭にない三塁ランナーは、飛び出してしまう可能性がある。

バントシフトにおける二遊間とバッテリー、ファースト、サードの鉄則

バント守備も、バッテリーと二遊間がからんだシフトだ。まずはランナー一塁。かなりの高い確率で送りバントが想定されるケースでは、投球モーションに合わせてサードとファーストがダッシュ。ショートは二塁ベースへ、セカンドは一塁ベースへ入る。セ・リーグにおける話になるが、ピッチャーがバッターボックスに立っているときには、このシフトが多くなる。「バスターをすればいいのでは？」と思うかもしれないが、ほとんどバッティング練習をやっていないピッチャーにはなかなか出しづらいサインなのだ。もちろん、ピッチャーといえども、バスターの可能性はゼロではない。私はサードを守った経験もあるが、バントシフトでのチャージには怖さがあった。

これが一、二塁になると、二遊間の動きは変わってくる。ファーストとサードがチャー

ジはするが、ショートは三塁へ、セカンドは一塁ベースカバーに走る。二遊間がガラあきとなるため、かなりハイリスクなシフトだ。これは「ブルドッグ」とも呼ばれる。

一方で、こんな守り方もある。一、二塁で、ショートがわざと二塁ベースに入る。二塁ランナーとしては、「牽制？」と思うもので、リードが小さくなる。その瞬間に、ピッチャーがホームに投げるのだ。どんなにいいバントをしても、リードがしっかりとれていなければ、三塁でアウトになる可能性が生まれる。ただし、ショートが二塁ベースに入ることで、ショートの定位置に誰もいなくなってしまう。極端なシフトの裏には大きな穴もある。

二遊間守備のキーマンは、実はファースト

二遊間以外の内野手の中で、大きなカギを握るのがファーストの存在だ。どれだけゴロをうまく捕球・送球しても、ファーストが捕らなければアウトは成立しない。ファーストが大柄で、ワンバウンドに対するハンドリングがうまい選手だと、ほかの内野手は投げやすい。落合博満《ひろみつ》さん（元ロッテ、中日、巨人など）は、バウンドのさばきが非常にうまかった。打撃同様に、ハンドリングもやわらかい。04年にゴールデングラブ賞を受賞した渡《わた》邉博幸《なべひろゆき》選手（現中日内野守備コーチ）も、守備範囲のバウンドならすべて捕ってくれた印

象がある。相手チームで、とくにうまいと思ったファーストが駒田徳広さん（元巨人、横浜）だ。89年から99年までで、実に10度のゴールデングラブ賞を獲得。この間《かん》、わずかに1度しか賞をのがしていない。「背が高くて、ハンドリングがうまい」という一塁手の理想形だった。高い送球で「悪送球か？」と思っても、長身の駒田さんはジャンプせずに捕れる。チームメイトは、かなり助けられたはずだ。

信頼できるファーストがチームにいると、内野手は「どこに投げても捕ってくれる」という安心感が生まれる。精神的にラクになると、しっかりと足を使い、腕を振って投げられる。これが、守備範囲の狭いファーストだと、「胸に投げなければいけない」と思って、腕が縮こまるのだ。少しそれた送球に対して体を伸ばしてくれないファーストには、神経をつかった。

ファーストの話をもう1つ。セカンドを守っていたとき、最もいやなプレーが4→1の投内連係だった。一、二塁間の当たりにファーストが飛び出してしまい、ピッチャーがベースカバーに入るプレーだ。走り込むピッチャーに対して、ピンポイントで送球しなければいけないため、非常に気をつかった。この4→1のプレーは、事前にポジショニングを確認しておくことで、ミスを減らすことができる。セカンドがファーストに対して、「一、二塁間寄りにいるから」と伝えておけば、ファーストも無理に出ることはない。多くのポジションに接する二遊間は、周辺の野手の位置と動きに目を配っておく必要がある。

同じく、ショートとサードの連係も重要だ。三遊間のゆるいゴロの場合、サードがカットインして処理するのが通常。ただ、やや強めになると、微妙な場合がある。飛んだ位置にもよるので、常にコミュニケーションをとって、ルール作りをしておく必要がある。

野球は9人で守るスポーツで、二遊間選手のまわりには、必ずチームメイトが守っている。セカンド、ショートが捕球や送球の技術が高くても、まわりとの連係プレーがうまくいかなければ、取れるアウトをのがすこともある。連係プレーを高めていくには、日ごろの練習とともに、これまで説明してきたような互いの確認作業が必須となる。

外野手との連係&カットプレーの注意点

ここからは、内野手と外野手の連係プレーを解説しよう。パッと思いつくのは、カットプレー。外野まで打球が飛べば、そこには必ずカットプレーが生まれる。レフト前ヒットであれば、ショートがあいだをつなぎ、7→6→4のラインを作る。ランナー一塁で左中間を深く抜けた当たりなら、8（7）→6→4→2というラインができあがるわけだ。

ショートの後ろに入るセカンドのことを、プロでは「トレーラー」と呼ぶ。「ダブルカット」「2枚カット」と表現もされるが、つまりは1枚目のカットマンの後ろにいる野手のこと。トレーラーはカットマンにどこに投げるかの指示を出したり、ランナーの状況を教える役割を任されたりする。8（7）↓6の送球が高く、ショートの頭を越えるようなときには、4がバックアップに入り、8↓4↓2のカットプレーができあがる。このときにトレーラーとなるセカンドがいないと、カットプレーが乱れ、ランナーに進塁を許す。外野を抜けた場合は、セカンドとショートは常にセットで動くことを心がけたい。

カットマンに入る際のポイントは、「できるだけ早く的を作る」こと。これは、ダブルプレーを取るときにも説明したが、早く的を作ってあげることによって、投げ手のコントロールが安定する。これは、小学生でもプロ野球選手でもメジャーリーガーでも変わらない。

ここで影響が出てくるのが、二遊間の足の速さだ。的を作るということは、カットの位置に素早く入り、足を止めておかなければならない。足が遅いと、しかるべきポジションに入るのが遅れ、動きながら送球を受けることになる。的を作るどころではない。二遊間に足が速い1、2番打者タイプが多いのも、こういった理由もあるのだ。

そして、二遊間は外野手がどれだけの距離を投げられるのかを知っておく必要がある。プロ野球選手ならば、遠投100メートルを超える選手がほとんどだが、そういう話ではない。

そもそも、カットマンがなぜ存在するのか？　一死三塁で外野へのフライならば、外野手は1人でホームに投げても問題はない。もちろんホームで刺せるかどうかは重要だが、悪送球を放ろうが、ほかにランナーがいないため、それ以上の影響は出ないからだ。しかし、一死一、三塁では、外野手が1人で高い送球をしてしまうと、一塁ランナーが二塁に進む可能性が生まれる。一死二塁からのセンター前ヒットでも、同様だ。肩に自信があるセンターが1人で投げたがる気持ちもわかるが、明らかにホームが間に合わないタイミングならば、しっかりとカットマンに返すこと。つまり、よけいな進塁をさせないためにも、カットマンの存在は重要なのだ。また、90メートルほどの長い距離を1人で投げるよりも、45メートル・45メートル、あるいは50メートル・40メートルというように、2人でつないだほうが送球のコントロールを定めやすい。

これらを踏まえたうえで、先ほどの外野手が投げられる距離の話だ。二遊間は、その日の外野手のコンディションを把握して、カットに入る位置を決める。1つの判断基準となるのが、試合前のシートノック。毎日のように試合があるプロ野球選手の場合は、連戦によって野手でも肩が重たくなるときがあり、今まで投げられていた距離を投げるのがつらくなる。そんなときは、外野手のほうから「今日は肩の調子が悪いから、カットの距離を詰めてほしい」と言ってくる。相手の肩の状態を見ながら、こうした微調整を繰り返している。

外野手のスローイングは、肩が強いことも必要だが、「捕ったら早く放す」という内野手に近い技術も求められる。代表的な例では、西武や中日で活躍した和田一浩選手だ。肩は決して強くないが、さすがは捕手出身。捕ったあとすぐに送球の構えに入り、内野手に素早い返球をしていた。巨人の長野《ちょうの》久義選手もこのタイプ。地肩が強いうえに、小さいモーションで返球するので、三塁コーチャーとしてはなかなか腕を回しにくい。

では、「返球」という点でカットマンはどこでボールを受ければ、次の動きをしやすくなるか。キャッチボールでは「相手の胸に投げなさい」と教わった人が多いと思うが、カットプレーに関しては、胸ではなく顔の近くで球をもらいたい。表現を変えれば、「上」でもらう。なぜなら、高いところで捕球したほうが、体を回転させてスローイングに移りやすいからだ。次の動きがしづらいのが、低い球。ヒザや足首の高さで受けると、体勢を立て直すのに時間がかかるのだ。先ほど、事例として挙げた8（7）→6→4→2のカットラインの場合、センターからショートの送球が、低いものの勢いがあるならば、ショートはスルーして、後ろにいるセカンドに任せるのも1つの手となる。

二遊間による外野手のポジショニング確認&グラウンド環境対策

接戦で迎えた終盤、二死一、二塁のピンチ。外野はレフトとライトが前進守備で、センターは定位置のシフトを敷いた。こんな場面で二遊間が考えるべきは、「二遊間のゴロを、絶対にセンターには抜かせない」こと。前進守備のレフト前、ライト前ならば、二塁ランナーは自重するか、バックホームで刺せる可能性がある。しかし、定位置のセンターに抜けたら、ホームインの可能性が高い。私はあえて二塁ベース寄りに詰めて、守っていた。

ここから言えるのは、内野手は常にまわりのポジショニングを見なければいけないこと。右記の例であれば、バックホームはレフトとライトに任すことができる。バッターによって各ポジションの守備位置は変わるので、その都度、確認する必要がある。

この考えは、内外野のあいだに上がったフライでも役立つ。外野手が深く守っていれば、内野手は後ろの打球に対して思いきり下がれる。逆に、外野手が前にいるときは任せればいい。

中間のフライは、どれだけ長く経験しても怖さがあった。声はもちろん出すが、外野手の足音が聞こえたり、気配を感じると、「ぶつかる？」と思ってしまう。変な言い方だが、足の速い外野手ほど怖さがあった。追いつけないだろうと思う打球に対しても、追いついてくる。これは、内野手にしかわからない怖さかもしれない。

フライを捕るのが難しかったのは、ロッテの本拠地であるＱＶＣマリンフィールドだ。ここでは「特殊」な風が吹く。旗の向きと、グラウンド上の風向きが違うのだ。シートノックでフライを受けていても、いざ試合になると風向きが変わるため、かなり苦労した。

屋外の球場でも、ある程度の特徴がわかれば、対策をとれる。例えば、甲子園球場はよく言われる、ライトからレフトへの「浜風」が吹くことが多い。ライト線に上がったフライがフェアゾーンに戻ってくる場合もあるので、セカンドを守っていたときは目を切らずに追うようにしていた。また、観戦しているお客さんにはなかなかわからないと思うが、ドーム球場にも風がある。それはエアコンの風だ。フライが流されていくことは実際にあり、ドームだからといって「無風」とは思わないようにしていた。

極端なシフトに対抗しようとする攻撃側と、二遊間を中心とした守備側の攻防

極端な守備陣形と言えば、古くは「王シフト」が有名だ。左打ちの王貞治さん（元巨人、現福岡ソフトバンク球団会長）に対し、広島ベンチが、内外野ともに右側に極端に集中させる策をとった。近年では、マーティ・ブラウン監督時代の広島や東北楽天、原辰徳《たつのり》監督時代の巨人が、外野を2人に減らし、内野を5人にする作戦を用いている。内野5人戦法は、無死や一死で三塁にランナーがいて、サヨナラ負けのピンチの局面などで使用される。

このときに外野にいて内野に混じって入りやすいのは、内外野両方こなせるユーティリティタイプ。例えば、立岡宗一郎《たておかそういちろう》選手（巨人）や、大和《やまと》選手（阪神）のような、内野でのゴロさばきにも慣れた外野手だ。兼用タイプがそのとき外野に配置されていなければ、1

内野でも外野でも、球際に強い守備を見せる大和選手。極端なシフトの緊急時に頼れるタイプ。

人下げてベンチの内野手を投入するときもあるし、内野経験がない外野手が入らざるをえないときもある。どのケースでも、内野守備の軸である二遊間コンビのサポートが必要だ。

試合の早い回でも、最近のメジャーリーグでは、引っ張り専門の強打者に対して極端なシフトを敷くことが急増している。例えば左打者対策で、一塁ベースと二塁ベースのあいだに3人の内野手を配置。このとき野手全体が移動して、ショートが二塁ベースの右に来るのが「王シフト」のパターンだが、メジャーでは、二遊間選手の位置はそのままに、サードが2人を飛び越える形で一、二塁間に移動する戦法も増えた（サードがユーティリティタイプなら、セカンドの位置に置き、セカンドを一塁寄りの深いポジションに移動させるのが主流）。これは、ダブルプレーやフォースプレーで二塁ベースに入る可能性がある場合、不慣れなサードをショートの位置へ、そしてショートを二塁ベースの反対側へとズラすより、セカンド・ショートの位置関係を変えないほうが安定するからだ。それくらい、二遊間選手が普段こなしている専門技術は難易度が高い。

ちなみにメジャーでは、左の強打者に対して内野手5人戦法をとるときは、一塁・二塁のあいだに4人置き、ちょっとした「人の壁」を作ることもある。その極端さには驚きだ。

もちろん、チームや試合の状況次第で、そういった手に出るのも理解できないことはないが、私の考えでは、極端な守備陣形はあまり感心できない。普段いない場所に守備を置くと、本来いるはずの場所に誰もいなくなり、デメリットのほうが大きく感じられるのだ。

しかし、選手としては、チームの方針に従うしかない。いつも以上に自分以外の守備位置の確認を徹底し、二遊間を中心に内外野の連係を強めて臨機応変なプレーが求められる。

逆に、そんな場面での打者に対してアドバイスを送るなら、「普段どおりのバッティングを心がける」ということ。守備陣形を気にしすぎて、「あいたスペースを狙おう」などと考え、本来のスイングができないなら、すでに相手の術中にはまっている。いつもとは違う打ち方をしたら、そのあとのバッティングに悪影響を与えるかもしれない。守っている選手も慣れない場所にいることで、いつもよりは緊張感が増しているはず。打席では強気にいったほうが好結果につながる可能性が高いのではないか。王さんも基本的には相手の戦略を気にせずに普段のスイングを心がけ、シフトをあざ笑うかのように、フェンス越えのホームランを放ったと言われる。ただ、局面や打者のタイプによっては、あいたスペースを狙う意図的なシフト破りが有効なときもあるだろう。

そうした攻撃側の戦略も踏まえ、シフトを敷いていた守備側も、次の手を打つ。例えば、バッターがシフトを気にせず振り回して引っ張るタイプだとしても、2ストライクになったら、守備位置を元に戻したり、シフトの程度を弱めたりする。打者心理として、追い込まれたら当てにいくこともあり、逆方向への打球の可能性が出てくるからだ。

二遊間を中心とした守備陣は、様々なケースへの対応力・判断力が問われる。選手たちは大変だが、こうした攻撃側対守備側の頭脳戦は、観戦するファンとしては興味深いのではないだろうか。

二遊間守備で得られた情報が、攻撃にも生きる

前述したように、ドーム球場なら地面も風もほぼ安定しているが、屋外の球場、それも天然芝や土のグラウンドでは、毎日、コンディションが違う。現役時代は、試合前の練習から情報収集に努め、開始後も変化する土の固さやボールの跳《は》ね方などにアンテナを張って情報更新を心がけていた。それが守備の精度を上げ、イレギュラーへの対応にもつながる。

グラウンドの中心にいて、なおかつ守備機会の多い二遊間は、チームの中で最も球場の環境をつかみやすい。一方、チームの中で盗塁が期待できるような足の速い選手は、外野を守ることも多い。一、二塁間、二、三塁間の土や芝の情報は自分ではつかみづらいのだ。

さらに言うと、二遊間の選手は守備の際、位置的にストライクゾーンを正面近くから覗《のぞ》ける角度にいる。その日の主審のストライク、ボールのジャッジの傾向も把握しやすい。

このようにセカンド、ショートは、打撃・走塁など攻撃側に転じた際に役立つ情報を持っ

ていて、チーム全体にフィードバックしたり、自分のバッティングなどに活用できたりする。さらに二遊間は、相手バッターのスイングを正面から見られる。肩の開きやバットの出方や軌道などから、その選手のバッティングの調子がわかるのだ。こうした情報も、必要に応じてチームに還元したい。逆に、ほかのポジションの選手は、二遊間の選手に聞くとも重要。野球は団体競技なのだから、情報面も共有し、チーム一丸となって戦う必要がある。

外国人二遊間選手・外国人投手らとのコミュニケーションのとり方

15年のパ・リーグの二塁手部門でゴールデングラブ賞を獲得したルイス・クルーズ選手（ロッテ→巨人）、その後釜《あとがま》としてロッテのセカンドに入ったヤマイコ・ナバーロ選手、16年は来日3シーズン目となる中日のアンダーソン・エルナンデス選手など、最近は二遊間を守る外国人選手が目につく。内野の要《かなめ》の二遊間に入り、言葉の壁もある中で務まるのか、と疑問に思う方もいるかもしれない。

私もプロ3年目の90年、バンスロー（本名：バンス・ロー）選手と三遊間&二遊間で100試合以上、コンビを組んだ経験から言えば、プレーするうえでの支障はほとんどない。言葉よりも大事なのは、選手としての実力だからだ。これは、ピンチのときなどにマウンドに集まってコミュニケーションをとる機会のある外国人投手も同じ。お互いの言語を話せないよりは話せたほうがいいが、野球で必要な意志の疎通は、プロ選手同士ならば、日本語混じりの英語と身ぶり手ぶりでなんとかなる。通訳もベンチ入りしている。

余談だが、私も現役22年間で、様々な国籍の外国人選手と触れ合った。アメリカ人のバンスロー選手は、一緒にプレーしたのが30年近く前なので詳細な記憶はないが、紳士的だった印象がある。

一方、中南米出身の選手は、陽気で、良くも悪くも大ざっぱ。だが、意外な一面も発見した。例えば、08～12年に中日に在籍したドミニカ人のマキシモ・ネルソン投手は、実弾所持事件を起こしたり、2メートルを超える身長や独特な風貌《ふうぼう》などで威圧感を与えていたが、実は組織の細かい人間関係や序列を理解していて面白かった。チームの主力だった私の前では腰の低い態度をとって「かわいいやつだなぁ」と思わせる一方、二軍上がりの若手をプロレス技で押さえつけたりしていた（じゃれているつもりかもしれないが）。相手を見て行動しているのがある意味で日本人っぽくもあり、それがバレバレなのにも笑った。

ただ、彼らは言葉や文化の違う日本に来て、ナーバスになることもあるはず。だから私も、なるべく声をかけた。英語は話せないので、「ワッツアップ？」（調子はどうだい？）などのあいさつ程度だが。ファンの方も外国人選手に対して声援を送ってあげてほしい。

二遊間が失策をしないために…

二遊間を軸として、様々な守備の考察を行ってきたが、最後に根源的テーマに触れたい。「失策をしないためには、どうすればいいのか」。足腰を中心に体のコンディションを整える、グラブを自分好みの状態に仕上げておく、基本を忘れずに打球と向き合う等々、数多く考えられるが、私は「準備」を、第一に挙げたい。バッターの特徴や傾向、ピッチャーの持ち球とその日の調子、風も含めた天候やグラウンドの状態、イニングやアウトカウントなどの試合の状況。そういったあらゆるシチュエーションを踏まえ、いかに打球に備えられるか。この精度を高めることが、失策をしないための最重要事項だ。

頭で考えて、様々なプレーの心構えをしておけば、一歩目が変わるし、打球を捕れるか捕れないか、アウトを1つ増やせるかどうかのギリギリの部分で、差が出る。これは学生やアマチュア選手も同じ。例えば猛暑の中でグラウンドに立っていれば、集中が途切れる場面もある。そんなときにボールが飛んでくれば、失策の可能性は高まる。とくに守備機会の多い二遊間は、そのワンプレーが勝敗を左右する。守備位置でプレーの合間に体を動かすようにするなどして、グラウンド上では常に準備を怠《おこた》らないように努めたい。

特別対談 PartⅢ

井端弘和

×

立浪和義

「達人同士」の二遊間総括論
&「ベスト二遊間」選定

2人の出会いとファーストインプレッション

「俺の何倍もノックを受けていた」――立浪
×
「3年目まで話をした記憶がありません」――井端

立浪　改めて、現役生活お疲れさま。ドラゴンズで15年、ジャイアンツで2年、守備は本当にうまかったわ。

井端　ありがとうございます。

立浪　２００４年から09年まで、ショートで6年連続のゴールデングラブ賞。12年にも獲《と》ったよね。そして、セカンドなども経験。俺と同じく二遊間双方を守った名手・井端に、両ポジションをテーマにした本の締めの対談を、ぜひお願いしたいと思ってね。よろしく！

井端　はい、こちらこそよろしくお願いします！

立浪　前著（『長打力を高める極意』）では、（高橋）由伸《よしのぶ》に対談をお願いしたんだけど、まさか、すぐに監督になるとは思わなかった。由伸と井端は同い年で、仲がいいんだよね？

井端　ええ。だから、どうしても現役時代と同じ感じで話してしまうときがあるんで、言葉の使い方がなかなか難しいです(笑)。

立浪　入団したのが、俺が1988年で、井端が98年。プロ入りがちょうど10年違う。若いときから、井端は本当によう練習をしていた。俺の何倍もノックを受けていた印象がある。

井端　立浪さんは年齢で言えば6つ上。僕が亜細亜《あじあ》大学を出てプロに入ったとき、立浪さんが29歳になる年でした。今で考えれば、中堅ぐらいの年齢なんですけど、当時の僕からみるともう大ベテラン。バリバリのレギュラーで、ドラゴンズの顔。雲の上の存在でした。

立浪　えらそうに、いばってた？（笑）。

井端　僕は3年目まで、立浪さんと話した記憶がないんです。

立浪　そんなことないやろ！（笑）。

井端　本当ですよ。3年目に一軍に上がるようになって、初めて話しかけていただきました。キャンプでは一緒に守らせてもらったんですけど、正直言うと、守備の時間が憂鬱《ゆううつ》で仕方なかったですね（笑）。まわりがすごい選手ばかりで、ずっと緊張していました。

立浪　プロに入ったときはセカンドだったよな。

井端　はい、2年目までは、主にセカンドをやっていて、3年目からショートです。

立浪　ドラフト5位でしょう？　本当に掘り出しものだよね。

井端　僕は高校から内野手で、よく立浪さんのマネをしていたんですよ。

立浪　もともとは？

井端　中学まではピッチャーです。

立浪　俺もそうだけど、ピッチャーからショートって多いよね。

井端　ショートをやっていたときの立浪さんの、一塁ランナーのスライディングをジャンピングスローでかわして、ダブルプレーを取るフィールディング。あれは、本当に格好良かったです。プロでもなかなか見ないプレーでしたから。

立浪　あまりうまくなかったけどなぁ。

井端　いやいや、憧《あこが》れていましたよ。

二遊間名手によるグラブ談義

「よく開くグラブを作っていました」―井端
×
「井端はグラブケースに入れて移動していた」―立浪

立浪　じゃあ、グラブの話から入ろうか。先に対談をお願いした広島・菊池（涼介）にも、福岡ソフトバンク・今宮（健太）にも、グラブを見せてもらっているんだけど、井端のも、はめさせてもらっていいかな。

井端　はい、ぜひ。

立浪　これ、新品じゃない？

井端　現役を続けていたら、使おうと思っていたものです。

立浪　それは、貴重やね。グラブのこだわりは、どんなところに持っていた？

井端　とにかく、型をつけるときに「開く」ということです。

立浪　開く？

井端　はい、必要以上に開く。グラブが開いておけば、ボールが入りそうな気がしますよね。

立浪　そりゃ、閉じてたら、ボールは入りにくくなるわな。

井端　今、コーチになってみてわかるんですけど、グラブが開いていない選手がけっこう多いんです。それだと、ボールが入る確率が下がると思うんですけどね。僕の理想は、パッとグラブを置いたときに、ぺちゃっと崩《くず》れない型。3年ぐらい使っていても、ぺちゃっとならないように心がけていました。

立浪　「開く」か。一緒にプレーしていたけど、それは初めて聞いたな。俺に、「開く」というイメージはなかったわ。確か、井端のグラブを、たまにもらって使ったこともあったんだけどね。グラブの型を作るうえで、誰か参考にした先輩はいるの？

井端　実は高校生のとき、立浪さんのグラブを使っていました。SSKの立浪モデルです。

立浪　ほんまに？　うれしいこと、言うてくれるね！

井端　網《あみ》の形に特徴がある、セカンド用だったと思います。

立浪　そういうタイプを使っていたような気がするわ。あと「開く」という話だけど、メーカーにお願いするときから、開きやすい形にしてもらっているってことかな？

井端　いや、それはないですね。グラブをいただいたあとに、自分自身で開きやすいように作っていくんです。

立浪　どうやって？

井端　まず、左手をグラブの中に入れて、できるだけガバッと開く。そのあとに、右手で拳《こぶし》を作って、親指側と小指側を叩《たた》いていくんです。

立浪　なるほど、叩いて開きやすくしていくのか。

井端　オフシーズンになると、プロでもロッカーにグラブを置いたままにしている選手っていますよね。僕は必ず家に持ち帰って、時間さえあれば、テレビを見ながらでもグラブを叩くようにしていました。

立浪　メーカーからすぐに「これだ！」というグラブは来てた？

井端　正直言えば、手を入れた瞬間に、「これはいいな」とか、「あ、これはダメだ」とわかります。でも、ダメだからといって、返すのは失礼だと思うんです。

立浪　さすが、気づかいの井端サン（笑）。

中日時代の先輩後輩であり、良きチームメイトだった2人。井端弘和選手(現巨人コーチ)にとって著者は憧れの存在で、高校時代のグラブは立浪モデル。

井端　いえいえ。だから、僕はとりあえず練習で使います。「公式戦で使ってみよう」と決めたグラブを作り終えたあとに、練習で使うグラブに型をつけていくんです。そうやって使っていくと、中には、「こっちのほう（練習用）が良くなってきたな」と思えるグラブも出てきます。

立浪　気にいったグラブはどのぐらいの期間、使っているもの？

井端　だいたい3年ですね。3年間使っているあいだに、練習で次のグラブを作っていくようにしていました。

立浪　このグラブはセカンド用なの？　若干《じゃっかん》、大きくない？

井端　ショート、セカンド両方できるグラブで、大きめですね。投手用ぐらいのサイズかもしれません。

立浪　人工芝の球場が増えてから、二遊間でも大きいグラブを使う選手が増えてきたように思うわ。やっぱり打球が速いから、球際を捕るためには少しでも大きいグラブのほうが捕れる可能性が広がるから。

井端　僕の場合は、なんとなくの安心感ですね。小さいグラブよりは大きいグラブのほうが、精神的に安心できます。

立浪　そうやな、それはわかるわ。あと、井端と言えば、グラブケースやな。

井端　はい、遠征に行くと、グラブをバッグの中に入れておくので、どうしても型が崩れちゃいますよね。それがいやで、メーカーの人にお願いして、特注のグラブケースを作ってもらいました。

立浪　ケースのまわりが硬い素材でできているから、ほかの荷物に押しつぶされない。

井端　カメラマンが使うようなジュラルミンケースの中にグラブを入れて、持ち運びしていました。

立浪　「イバチン（井端選手の愛称）は、鳥でも飼ってんのか？」と言ったこともあったよな(笑)。

井端　最初は、いろいろ言われたりしましたよ(笑)。

立浪　菊池とも対談してグラブを見せてもらったんだけど、ドロース（グラブの手入れ用のオイル）をまったく塗《ぬ》らないらしくして、パッサパサ。グラブに対する考え方は独特やった。

井端　立浪さんは毎日磨いていましたよね。僕は週1回、日曜日に磨く程度。ドロースを塗って、グラブの感覚が変わるのがいやだったんで、汚れをふきとるぐらいでしたね。

立浪　俺は、革《かわ》がへたってきたら、霧吹きをかけて冷蔵庫に入れていたこともあった。そうすれば、革がまた固くなるからね。

井端　そういう方法もありますよね。

間近で感じた守備職人・井端のすごさ

「井端はグラブが絶対に下に落ちている」──立浪

×

「股《また》を割って、グラブを落として待っていました」──井端

立浪　ショートの井端とセカンドの俺で二遊間を組んだときもあれば、俺がサードに移ってからは三遊間も組んだ。井端のなにがすごいって、これはいろんなところで言っているんだけど、グラブが絶対に下に落ちる。下に落ちていれば、あとは上げるだけでいい。だから、バウンドが変わったとしても、エラーをほとんどしないんだよね。サードから井端の守備を見ていて、「お、はじくかな？」と思うバウンドでも、捕っている。これは本当にすごい。

井端　捕る姿勢を、極力早めに作るようにしていました。

立浪　そうそう、捕球姿勢を作るのが早い。そこでグラブを落として、打球が来るのを待っている。サードから見ると、井端の動きがものすごくよく見える。いちばんの特等席で、井端の守備を学ばせてもらったよ。

井端　極力、股《また》を割って、グラブを落とした状態で待つ、ということですね。最近は少し横の打球に対してでも、逆シングルで捕るショートが増えていますけど、捕ってからノー

三遊間コンビのときの２人。井端弘和選手（左）の守備を間近で見て、著者も多くを学んだ。

ステップで投げられるわけではない。2～3歩、ステップが入るんですよね。であれば、初めから股を割って待ち、ワンステップで投げたほうがトータルでは早くなる、というのが、僕の考えです。

立浪 「前で捕る」とか「早く投げる」という考えはなかった？

井端 僕は必要ないと思っています。どれだけ足が速いバッターでも、必ず一塁に到達するまでの時間はあるわけですよね。

立浪 4秒前後はある。

井端 その時間を頭に入れながら、プレーをしていました。

立浪 バウンドに対する合わせ方は、どんな考えを持っている？

井端 よくやっていたのが、短い距離でノックを打ってもらって、股を割って構える練習です。

立浪 へぇ。短い距離って、どれくらい？

井端 そうですね、だいたい10メートルぐらいの近さでしょうか。自分の中でエリアを作っておくんです。打球がここに来たら、準備をして構える。その意識を身につけるために、短い距離でのノックをよくやっていましたね。

立浪 早めに構えることで、体が力んで固くなるイメージを持つ人もいると思うけど。

井端 エリアに入るまでは、しっかりと足を使って捕りにいくので、そうはならないです。

あとは構えに入ったときも、どこかしらの力は抜けている感覚です。早く構えられるようになると、打球を見極める時間が生まれ、ミスが減っていくと思います。

立浪 さっき話していた「グラブを開く」という考えも、守備での姿勢につながるのかな。

井端 はい、股を割って、早めに準備することにこだわってからですね。ショートのレギュラーを獲って3年ぐらいたったときだと思うので、20代後半。上体によけいな力が入らないようになって、自然にグラブが開く感覚がわかってきたんです。それまでは「なんとか捕らなきゃ」と必死になってやっていたので、腕に力が入ってしまい、グラブも開いていなかったと思います。

立浪 股を割る。これは、守備の基本とも言えるね。

井端 やっぱり、股を割れないとダメだと思うんです。股を割れるようになると、守備がラクになるというか。股を割れない選手が、腰痛持ちになるんじゃないかなと。

立浪 それ、俺やん！

井端 いや、一般的な話ですよ(笑)。

立浪 俺は、腰痛にずっと苦しんだから。

井端 僕、腰を痛めたことは一度もないんです。それには、股関節《こかんせつ》の柔軟性も必要になってくると思います。「お相撲さんに腰痛持ちはいない」と聞いたんですよ。お相撲さんって体がめちゃくちゃ柔らかいですよね。股を割る練習を毎日やっている。そういう影響もあるのかなと思います。

立浪　「守備がラクになる」と言ったけど、それはどういうこと？

井端　自然に、グラブが下がるようになります。

立浪　そうか、グラブを下げようとしているのではなく、股を割るからグラブが下がる。グラブ単体だけの問題ではないってことか？

井端　そういうことですね。

立浪　あと、守備を見ていて感心するのは、絶対に「ボールから逃げない」よね。内野が土で、いつ跳《は》ねるかわからない広島市民球場でも、逃げていなかったからね。昔、聞いたことあるよな。「ボール、怖《こわ》くないの？」って。

井端　やっぱり怖さはありますよ。当たったこともありますし。でも、人工芝のグラウンドもイレギュラーすることがあるんですよ。土だとある程度覚悟しているんですが、人工芝では先入観があるからか、一瞬対応に戸惑います。

立浪　井端がすごいのは、イレギュラーして顔は逃げていても、グラブだけは下に置いてあること。あれが、なかなかできんのよ。

井端　グラブさえ下に置いておけば、ボールが入ると思っていました。最悪、速い打球の場合は体に当てて、前に落としても間に合うときはありますから。

立浪　体に当てて落とすのもうまかった。

井端　キャッチャーをやっていた谷繁（元信）さんに教えてもらったんです。キャッチャーがワンバウンドを止めるときに、体に力を入れてしまうと、ボールと衝突して遠くに跳ねていく。でも、体の力を抜けば、ポトッと近くに落ちる。筋肉を柔らかくして衝撃を吸収する感じです。

立浪　なるほどね。

井端　だから、力を抜くように心がけていました。体の中に低反発素材のテンピュールを入れているイメージですね。そういえば、今、うちのキャッチャーの小林（誠司《せいじ》）がテンピュール素材のプロテクターを使っているんですよ。

立浪　感じが全然違うらしいな。

井端　あるときから、ワンバウンドを急にはじかなくなったから、「どうした？」と聞いてみたら、プロテクターを変えたみたいで。これが、けっこう重いんですよ。

立浪　巨人は、キャッチャーは小林に頑張ってもらわないとな。

井端　彼はとにかく、配球ですね。対バッターの視点がなくなることがあるので、そこがこれからの課題だと思います。

名手・久慈からの学び

「久慈さんの話が、最初は理解できなかった」――井端
×
「プロ中のプロの守備は、俺もマネできない」――立浪

立浪　井端の守備への考えは、指導者や先輩とか、誰かから影響を受けたりしたものなの？

井端　球界を代表するショートが中日にいたのが大きいと思います。立浪さんに久慈（照嘉）さん（98～02年在籍）、途中から川相（昌弘）さん（04～06年在籍）も入ってこられて。

立浪　確かにそう言われると。久慈とは二遊間を組んだことがあるけど、守備は抜群にうまかった。ダブルプレーのときなんかは、ショートの久慈からのボールの回転がいいから、二塁を守っている俺も、ファーストへ投げやすかったわ。

井端　久慈さんの守備は素人《しろうと》にマネできません。すごすぎて、あまり参考にはならないです。

立浪　久慈も井端もそうだし、高校の後輩の宮本慎也なんかもそうで、守備に関してはプロ中のプロの選手は、俺でもマネできない（笑）。久慈の守備論は聞いたことがある？

井端　あります。今になれば、行き着くところはそこだったのかなと思うんですけど、当時は久慈さんが言っていることが理解できなかったです。「股を割ってから、股関節をジ

ワ～ッと動かして捕る」と言っていました。

立浪　どういうこと？　ヒザを前に出すってこと？

井端　いや、ヒザを前に出すと足も前にいくので、体が突っ込んでしまいます。イメージとしては、股関節の動きで捕球の幅を調整する。自分も今ならわかるんです。股を割ることで、股関節の幅ができる感じは持っていました。

立浪　前に押し込むような感じかな？

井端　はい、突き出すわけではないですが、ヒザではなく股関節で奥行きを出す感じです。

立浪　ちょっとそこでやってみて。

井端　はい。（実演開始／下写真）

立浪　なんとなくわかった（笑）。でも、股関節で幅を調整するなんて、考えたことない。名手は違うな。

井端　バウンドが合わないときに、手で捕りにいってしまうと、グラブが体から離れていくので、スローイングの体勢が悪くなります。今のそのときに手ではなく、股関節を使う。

選手を見ていると、手で捕りにいく選手が多いんですよ。

立浪 そうなると、頭が突っ込む。

井端 捕るときは、右足に重心を乗せておきたいですね。左足に乗ってしまうと、頭が突っ込む原因になります。この体勢からスローイングに入るので、安定しないですね。

立浪 川相さんはどんなタイプのショートと見ていたの？

井端 久慈さんと川相さんはタイプが違います。川相さんは、「捕るのと投げるのは別。捕ったらあとはキャッチボールでいい」という考え。肩が強いこともあったと思います。

立浪 なるほど、面白いね。名手と呼ばれる人でも、それぞれに個性や独自の考えがある。

井端 はい、いろんな型やスタイルがあると思います。

ショートの醍醐味《だいごみ》・難しさ

「打球によっては、握り直すだけでセーフになる」――立浪
×
「いちばんいやだったのは、2アウト一、三塁でのゴロ」――井端

立浪 長年、ショートをやっていて、ゴールデングラブ賞を7度受賞。そんな井端から見た、ショートの難しさとは？

井端　ミスができない、ということですかね。少しでもジャッグルをしたら、ファーストまで距離があるので、セーフになる。そこがファーストまで近い、セカンドとの大きな違いです。

立浪　打球によっては、握り直すだけでもセーフになる。

井端　時間との戦いなので、細かいミスもできないなって。いちばんいやだったのが、2アウト二、三塁でのショートゴロ。悪送球をしたら、一気に2点入ってしまうので。これは最後の最後までプレッシャーがかかりました。

立浪　井端ぐらいの選手でいややったら、みんないややな。

井端　とくに三遊間深いゴロはいやでしたね。2アウト三塁なら最悪1点ですみますけど、二、三塁なら2点ですからね。

立浪　フォースアウトもないしな。

井端　そうです。2アウト二、三塁のときは、「敬遠して、満塁にしてよ」と、よく思いました。

立浪　逆に、ショートの面白さはどんなところ？

井端　好きなように動けるところですね。だから、やっていて楽しかったです。セカンドは、ショートとは逆の動きが増えてくるので、苦しい体勢でプレーすることが多いですよね。

立浪　いちばん少なかったときで、ショートでのエラーって何個？

井端　4個です（04年、06年＝各4個）。

立浪 ショートでは、ありえん数字やね。考えられんわ。

井端 ありがとうございます。

立浪 エラーを語ってもらうのも申し訳ないけど、井端のエラーで多いのはどんなプレー？

井端 やっぱり、グラブを出すのが遅いときですね。準備が遅くて、打球を見極める時間がないと、エラーにつながります。

立浪 ただ、エラーの記録って難しいよな。守っているものにしかわからないエラーもある。打球を捕る直前に、微妙にバウンドが変わったりね。見ている人にはわからないところだけど、「今のは無理やろう」という打球もあるから。そんなのも入れて、年間で4～5個のエラーというのは、本当にすごいわ。

セカンドの醍醐味・難しさ

「捕ることと投げることを分けていた」――井端
×
「セカンドは打球を止めてしまえば、まずアウト」――立浪

立浪 長くやっていたショートからセカンドに移ったときはどんな感じやった？

井端 率直に言うと、最初はつまんなかったです。こんなんでいいのかな……と、物足り

なさはありました。

立浪　それは打球に関して？

井端　いや、打球はたいして変わらないんですけど、スローイングですね。そんなにあてなくていいので。ショートの感覚で投げてしまうと、ファーストがまだ一塁ベースに着いていないんですよね。ラクだなと思いました。

立浪　確かに、ショートから移ると、そう感じるかもね。

井端　多少、シュート回転して曲がっても、距離が短いので、ファーストが捕れる。これが距離が長いショートの位置から投げると、最後の最後に、もうひとシュートしたりしますよね。

立浪　スローイングに対するプレッシャーが全然違うよな。

井端　違いますね。セカンドになってからは、「捕る」と「投げる」を分けて考えていました。

立浪　捕れば、ほぼアウト。

井端　はい。なので、まずは捕ることだけに集中する。捕りさえすれば、体勢を整えてから投げてもアウトにできるので。

立浪　ショートは素早く投げないと、アウトにならない。だからこそ、ミスも出やすい。でも、セカンドは打球を止めてしまえば、まずアウト。バッターの足が速くなければ、無理して前に出ることもない。ショートとは動きが逆になることが多いけど、そのあたりはどう？

井端　一、二塁間に飛んだときに、セカンドやファーストまでの角度のきつさは感じましたけど、そこは練習して慣れました。

立浪　最終的に、セカンドの面白さを感じることはできた？

井端　正直、最後までなかったですね(笑)。

立浪　やっぱりそうなのか。そこからまたショートに戻ったわけだけど。

井端　これが、一度セカンドに行くと、ショートに戻るのはきつかったですね。技術というよりは、年間通してやることがきつかったです。

立浪　セカンドの感覚に慣れてしまったのかもしれないな。

井端　はい、そうだと思います。

立浪　年齢を重ねると、守備が衰えていくのは当然なんだけど、それは足が動かなくなるか、あるいは肩が弱くなるか、どっちの要素が強いと思う？

井端　僕は細かい足さばきだと思います。

立浪　そうだよな。だからこそ、若いうちから足を使って動いておかないと、衰えも早くなるし、選手寿命も短くなるよな。

井端　たまに、球際でちょっと痛々しい選手がいるじゃないですか。腰が曲がらないみたいな。

立浪　それも、俺やわ(笑)。

二遊間のポジショニングに対する考え方

「ショートは打たれるかどうかわかる」——立浪
×
「山田哲人は最後の最後にバットが出てくる」——井端

立浪 ポジショニングはどんなふうに考えていた?

井端 僕は、あまり極端に寄るのが好きじゃなかったんですよ。あいているところを見て、バッターがそこを狙って打つんじゃないかという不安があって。だから、ほぼ定位置にいました。寄るとしても、せいぜい半歩ぐらいですね。

立浪 俺もあまり極端には寄らなかったな。アウトにできる打球をしっかりとアウトにする。ピッチャーが「打ち取った」と思った当たりなのに、そこに野手が守っていなくてヒットになると、ピッチャーのショックは大きいと思うからね。

井端 バッターの特徴や球種・コースで、ある程度の予測はつけますけど、コントロールミスで反対側に打たれたら、「俺のせいじゃない。ピッチャーが悪い」ぐらいに割りきって考えていました。

立浪 ショート守っていると、打たれるかどうかわかるときない?

井端　ありますね、キャッチャーのサインも見えますし、バッターのタイミングが合っているかどうかもわかる。サインを見て、「それはダメだろ……」って目をつぶりたくなるときもありました（笑）。サードを守ったときは、その感覚はなかったですけどね。やっぱり、ショート、セカンドのほうが、インパクトのタイミングは見えやすいですね。

立浪　サードは本当に怖い。「あ！」と思ったら、もう打球が来ている。外国人でドアスイング気味に引っ張ってくるようなバッターはいやだった。日本人なら、今、広島東洋カープの監督をされている緒方《おがた》（孝市《こういち》）さんの現役のとき。オーバースピンの打球が多くて、難しかったな。

井端　ショートを守っていて、「これは来ないな」と思えたのが、今は広島のエクトル・ルナですね。右打ちですけど、逆方向におっつける意識が高いので、めったに飛んでこない。逆に必ず飛んでくるのが、広島の菊池。うちの村田（修一）とも話していたんですよ、「1試合に2個は飛んでくるな」って。引っ張りの意識が強いですね。

立浪　守っていて、調子の良し悪しも見えてくるよな。

井端　ありますね。15年の山田哲人（東京ヤクルト）は、ショートに来そうなタイミングじゃないのに、最後の最後にポンとバットが出てきて、三遊間に来る。そうなると、こっちも一歩目のスタートが遅れるんですよね。

立浪　開きが遅いんだろうね。胸を見せないで、最後にバットが出てくる。15年まで阪神にいた（マット・）マートンが好調のときも、そういう感じがあったな。

井端新コーチによるコーチ論

「高代さんのノックで守備のリズムが作れた」――井端 × 「坂本は年々安定しているように見える」――立浪

立浪　井端もついにコーチか。2アウト二、三塁からのプレッシャーからもようやく解放された(笑)。でも、今度は選手のプレーを見て、違うプレッシャーを感じることになる。送球がファーストに届くまで、見てないといかんしね。自分でプレーしていたほうがいいかもしれんよ。

井端　せめて、捕ったら安心という選手に、みんなになってほしいですね。捕ることと、投げることの両方を心配しなければいけないのは、コーチとしてはきついです。2度も心配したくはないですね(笑)。

立浪　確かに(笑)。井端コーチから見て、坂本（勇人）はどう？　年々、安定しているようには感じるけど。とくにスローイングが安定してきたかな。

井端　はい、僕がドラゴンズからジャイアンツに移ったときに、坂本に最初に言ったのが「間《ま》を作ってから投げるように」ということ。捕ってから投げるまでに、間がなかったんです。

立浪　間を作る？

井端　捕ったあとに、頭や体を右足に乗せることです。プロ野球選手になれば、キャッチボールのときに悪送球を放ることってほとんどないですよね。坂本も、キャッチボールではしっかりと投げることができる。それは、右足にちゃんと乗せているから。だから、守備のときも捕ったあとに右足に乗せる。それを言い続けていました。

立浪　なるほど、それで安定してきたのか。

井端　最初は違和感があったみたいですけどね。グラブを持った左手の使い方をいろいろと変えながら、自分に合った感覚を見つけているようです。

立浪　捕球に関しては、なにか言ったの？

井端　「早く準備しろ」です。

立浪　やっぱり、そこか。構えを早くする。

井端　それもジャイアンツに来たときから言っていました。

立浪　井端が「コーチ」という立場になれば、守備が良くなる選手が出てくるんじゃない？

井端　そうなってくれるとうれしいです。今までは選手の立場だったので、あまり教えすぎても、という思いはありました。コーチの方がいましたからね。

立浪 井端のような名手が教えると、説得力があるから、選手も話を聞くようになるでしょう。これからの若手では、誰がいる？

井端 岡本（和真《かずま》）ですね。

立浪 お、ドラフト1位。16年で2年目か。バッティングは力があるね。でも、守備が課題やな。

井端 捕るときに、どうしても頭が左足側に倒れてしまうんです。

立浪 頭を右足側に戻してから投げるので、遅れてしまう？

井端 戻るときはまだいいんですけど、戻りきらないで投げてしまうことも多く、そうなると悪送球にもなる。頭が左足のほうに突っ込んでいると、右手が上がらない状態で投げることになるので。

立浪 そうなると、捕球するところからやね。

井端 はい、右足に乗せた状態で捕れるかです。

立浪 右足に乗せた状態で、左足で打球をさがしにいく間《ま》も大事やろう？

井端 大事ですね。

立浪 バッティングでも、前の足をバンとつかずに、間を作れるか。

井端 バッティングと同じだと思います。

期待の若手・岡本和真選手を指導する井端弘和コーチ。巨人の守備力も向上するはずだ。

立浪 井端自身は、影響を受けたコーチはいるの？

井端 入団したときの、守備・走塁コーチが高代（延博）さん（現阪神ヘッドコーチ）でした。本当によく、ノックを打ってもらいました。

立浪 高代さんのノックは、うまいよなぁ。

井端 はい、自然に守備のリズムができてくるんです。

立浪 そうそう、うまいノッカーは一定のリズムでバウンドを打つことができる。

井端 「ポーン、ポーン、パチン（捕球）」のリズムで捕れるんです。だから、ノックを受けていると、そのリズムが体に染《し》みついてくる感じがありました。

立浪 イレギュラーもまず、しないから、基本の形がしっかり作れる。守備がうまくなるには、ノッカーの存在は本当に大きい。

井端 キャンプのときは、朝から晩までノックでしたから。特打をした記憶がありません。特守ばっかり。

立浪 俺も、特守をもうちょっとやっておけば、もっとうまくなったかもなぁ（笑）。

井端 僕は、特打をさせてもらえば、もうちょっと打てたかもしれません（笑）。若手ってことで、高代さんも僕には特守をさせやすかったんだと思います。バリバリのレギュラーの立浪さんに、特守ってわけにもいかないでしょうから。

二遊間のコンビプレー&日常のコミュニケーション論

「アライバコンビは、仲は良かったの？」──立浪
×
「会話しなくても、考えがわかるようになりました」──井端

立浪　俺と同じように、井端はショートもセカンドも経験したわけだけど、二遊間のコンビプレーで意識していることはあった？

井端　基本はショート中心ですよね。だから、あまりコンビを合わせるという感覚はなかったですね。立浪さんがセカンドをされていたときも、「お前（ショート）に全部任せる」と言ってもらって、ありがたかったです。

立浪　だいたい、主導権はショートが握るものだからね。

井端　はい、そう思います。

立浪　ダブルプレーのポイントはどう？

井端　それに関しては、ショートのほうがラクですね。一塁ランナーの動きが見えるので、自分で対応ができる。

立浪　そうそう、それがセカンドになると違うんだよね。

井端　セカンドは、ランナーのスライディングが見えないので、怖さがあります。だから、ショートとしてはできるだけ早くセカンドにボールを渡してあげること。渡すのが遅れると、セカンドがスライディングされてしまうので。

立浪　セカンドのためにも、ショートが早くボールを投げることやね。井端とのコンビで言えば、井端と荒木（雅博）の「アライバ」が有名になったけど、自分自身で振り返ってみて、2人のコンビは良かったと思う？

井端　良かったと思います。年々、会話することも減ってきたんですけど。あ、仲が悪いとかじゃないですよ（笑）。

立浪　わかってるわ（笑）。

井端　会話しなくても、お互い考えていることが理解できるようになってきたんです。例えば、守備位置でもチラッと荒木のほうを見ると「やっぱり、そこに守っているよね」という感じで、ズレることがない。最初、組み始めたときはよく会話をしていて、試合中でもよく確認していましたね。

立浪　ケンカしたりとかは？

井端　それはないですね。いちおう僕が2つ年上で、ショートでもあったので、主導権は僕が握っていましたから。

立浪　「アライバ」というように、二遊間にニックネームがつくことなんてめったにないでしょう。後にも先にも、この2人だけなんじゃない？

井端　はい、最初のころはなにを意味しているのか、よくわかっていなかったです。

立浪　それだけ、2人の存在がずば抜けていたということだろうね。

井端　でも、立浪さんと二遊間組んだときも、やりやすかったですよ。

立浪　ええよ、気をつかわんで（笑）。でも俺も、ショート・井端、サード・立浪の三遊間は、いい経験になったと思っている。

井端　三遊間ですか？

立浪　そうそう。サードから井端の守備を見ていて、本当に勉強になったことが多いんだよな。もっと、若いときに井端の守備を見ておけば良かったわ。

井端　ありがとうございます。

立浪　これからは、コーチとして、井端や荒木のような選手を育ててくれよ。

井端　はい、そのつもりです。

立浪　もうノックは完璧《かんぺき》に打てるようになったの？

井端　とは思っているんですが。自分で自分のノックを受けてみたいです、どんな感じなのか。

立浪　じゃあ、球場に行ったときにでも、井端コーチのノックを受けさせてもらうわ（笑）。

井端　本当ですか？（笑）

立浪　どんな内野手が育つか、井端の指導を楽しみにしているよ。

井端　頑張ります！

2人で決める、二遊間コンビ「部門別」三賞

「華麗な篠塚さんと堅実な川相さんの守備が印象的」——井端

×

「堅実に頑張っていた『敢闘賞』はアライバで決定」——立浪

立浪　もうちょっと付き合ってもらっていいかな。

井端　もちろんです。

立浪　ここからは特別編。この本のシリーズでは、対談相手と話しながら、ここだけのベストナインとか賞を決めてるのよ。で、今回は二遊間の「賞」を決めていこうかな、と。

井端　わかりました。面白そうですね。

立浪　これまで同様に、往年の名選手の方々は除かせていただいて、原則として過去・現役含めて、自分たちがプロ入りして見てきた時代以降からってことで。今回は、大相撲にならって技能、殊勲、敢闘の「三賞」でいってみようか。相撲なら「殊勲賞」が最初だと

思うけど、ここでの守備版「殊勲賞」は打力も兼ね備えたコンビとして考えているので、ちょっと置いておいて。まずは、オーソドックスに守備の純粋な技量重視の「技能賞」からいこうか。技術が光っていた二遊間やね。俺は、井端と荒木でええと思うけど。

井端　いきなり、そこですか？

立浪　よし、わかった。ほかの賞もあるから、アライバはあとに残しておこう。じゃあ、井端から見て、うまいと思った二遊間は？

井端　僕は、小さいころは巨人戦しか見ていませんでしたから、セカンドを守っていた篠塚（利夫／のちの登録名：和典）さんの華麗な守備は印象に残っています。

立浪　流れるような動きだったよね。俺も、篠塚さんの守備には憧《あこが》れていた。そうなると、セカンドは篠塚さんで決まり。ということは、ショートは川相さん？

井端　川相さんは捕球もうまかったですけど、スローイングが安定していましたね。のちにドラゴンズに移ってこられて、そのプレーを間近で見ることができたのは、本当に勉強になりました。

立浪　では、「技能賞」は、篠塚さんと川相さんのコンビに決定！　あのころのジャイアンツも強かったしね。次は「殊勲賞」。これはバッティングも優れ、守備・攻撃両方で勝利に貢献した二遊間に贈る賞。俺がすぐ思いついたのが、ベイスターズで活躍したロバート・ローズと石井琢朗のコンビ。

井端　確かに、2人はよく打っていましたよね。

立浪　ローズは、日本で8年間プレーして、通算打率が3割2分5厘。99年には打率3割6分5厘をマーク。セカンドでこれだけ打てる選手がいると、チームは強いよな。ローズと石井琢朗は、ゴールデングラブ賞も獲っているし。

井端　僕は広島カープのセカンド・正田《しょうだ》（耕三《こうぞう》）さん、ショート・野村（謙二郎）さんのコンビも、印象が強いです。1、2番に入って、打率も高いですし、足もあり、この2人もやっぱりゴーデングラブ賞受賞者。正田さんは首位打者も獲っていますよね（87年、88年に首位打者を獲得）。総合的に考えても、理想的な1、2番だったと思います。

立浪　どちらも足がよく動いて、守備範囲も広かった。甲乙《こうおつ》つけがたいけど、ゲストの井端の考えを尊重して、「殊勲賞」は、正田さん、野村さんのコンビにしよう。

井端　ありがとうございます。

立浪　二遊間「三賞」の最後は「敢闘賞」。これは、やや地味だけど、堅実で渋く頑張っている二遊間コンビということで。これこそ、井端と荒木でええんちゃう？　さっきも言ったけど、もう2人はワンセット。球界全体から認められているんじゃないかな。

井端　そうなんですかね。自分たちではなんとも言えないですが。

立浪　「敢闘賞」はアライバでいこう。2人とも超堅実で頑張ってたしな。

井端　光栄です。

立浪　どうしても、我々が所属したセ・リーグの話が多くなってしまうけど、パ・リーグの二遊間はどんなふうに見ている？評価が高いのが東北楽天の藤田（一也）かな。

井端　藤田はうまいですね。とくに、ボールのさばきがうまい。捕る姿勢は、ちょっと独特かなとも思います。

立浪　ボールを放すのが早いよな。

井端　早いですね。

立浪　千葉ロッテ、巨人などで活躍した小坂（誠）もうまかった。忍者みたいに素早かったな。

井端　ドラゴンズでもプレーしていて、ロッテでセカンドの小坂さんと二遊間コンビを組んでいた酒井（忠晴）さんのさばきも、早かったですよね。僕が入団したときに、ショートやセカンドをされていて、ダブルプレーの動きを見て惚《ほ》れ惚《ぼ》れしました。

立浪　あぁ、酒井はうまかったな。少し、雑なところもあったけどね。ちょっと聞いてみたいんだけど、井端から見て、自分に似ているなと感じる内野手っておる？

井端　そうですね……。

立浪　井端ほどうまいのはおらんかな？

井端　いえ、一瞬思ったのが、タイガースの大和《やまと》ですね。
立浪　あぁ、なるほど。
井端　自分みたいなタイプなのかなと感じることはありました。内野がうまかっただけに、外野と兼用になったのはもったいない気もします。

チーム・世代を超えた「夢の二遊間コンビ」

「対談したからでなく、やっぱり、守備で魅《み》せる菊池と今宮」――立浪
×
「立浪さん、宮本さんのPLコンビも見たかった」――井端

立浪　最後が、「夢の二遊間」。チームや時空を超えて、誰と誰のコンビを見てみたかったか、っていう、まさに夢の話ね。
井端　僕が見たかったのは、山下大輔さんの守備です。記録も、ほんとすごいですね。
立浪　大洋ホエールズのショートとして8年連続（76年～83年）のダイヤモンドグラブ賞（現在のゴールデングラブ賞）。考えられないことやね……。
井端　すごすぎます。お名前はもちろんよく聞きますが、実際のプレーを見たことがなくて。
立浪　俺が1年目だった88年に、現役を引退されているんだけど、なんとなく覚えているのは軽くピョンと送球して、簡単にアウトにしていたこと。この軽く投げるということが、なかなか難しい。スローイングが本当にうまい人じゃないとできないことだからね。宇野勝さんもこういうタイプのショートで、あの『珍プレー好プレー』でのヘディングのイメージが強い人が多いと思うけど、守備はうまかった。

井端 目の前で見てみたかったです。

立浪 ショート・山下さんと、現役最高のセカンドの広島・菊池のコンビは夢がありそうだけど、菊池の守備はどう見ている？ 過去の球史を見ても、あれだけ守備範囲が広いセカンドはいないと思うんだけど。

井端 本当に広いですよね。あそこまで動ければ、形うんぬんじゃないと思います。正面にゴロが来ても、つまらないんじゃないですか？

立浪 対談のときに菊池が、正面はポロっとやってしまうって言うてたわ。

井端 ただ、あれだけ動けているのなら、ぜひショートをやってもらいたいですよ。

立浪 やっぱり、そう思うよなぁ。俺も、菊池に同じことを言った。

井端 ショートをやれば、守備そのものが、もっとうまくなるんじゃないですかね。

立浪 せっかくだから、現役でもう1人の対談相手、福岡ソフトバンク・今宮健太の印象も教えてくれるかな。本人も読むかもしれないから。

井端　捕ることと投げることを、別にしているように見えます。

立浪　別に？

井端　はい。どこかで、捕る・投げるが一緒になる時期が来るのかもしれません。今はまだ若いので、強い肩を生かした送球ができていますけど、年齢を重ねると肩も足も衰えていく。そのときに捕る・投げるが一連の動作になっている選手は、身体的な衰えをカバーできると思うんです。

立浪　なるほどね、じゃあ、話を戻して、夢の二遊間。井端なら、どのコンビが見たい？

井端　今の話の流れでいけば、一番を決めるならセカンド・菊池、ショート・山下大輔さんですね。あとは、足がよく動く小柄な二遊間というコンビで、例えばセカンドに、近鉄で活躍した大石大二郎さんが入って、ショートに今宮とかも、見てみたいです。

立浪　実際に見ることができないからこそ、どんなプレーをするのか想像するだけで面白い。どちらもよく動く場合は、二塁ベース周辺の打球をお互いに捕りにいって、重なってしまうこともある。主導権をどちらが握るか、考えてみるのもいいね。

井端　ダブルプレーでの流れるようなコンビネーションも見てみたいですね。

立浪　そうやな。現役だったら、俺は菊池と今宮かな。対談したから言うわけではないけど、やっぱり、今、いちばん動ける二遊間がこの2人。課題もあるけど、守備で魅《み》せることができる。どちらもバッティングが良くなれば、「侍ジャパン」のスタメンもありうるんだけどね。チームを超えて見たいコンビは、やっぱりこの2人かな。

井端　確かに、見てみたいですね。それと、セカンドに立浪さん、ショートに宮本慎也さんのPL学園コンビも実現してほしかったですよ。

立浪　オールスターではやったことあったけど。

井端　プレッシャーのかかる真剣勝負の試合で、どんなプレーをしてくれるのか。僕もですけど、お2人も二遊間を両方経験されています。そういう意味でも興味深いですよ。

立浪　俺も宮本と組んでみたかったという気持ちもあるしな。

井端　これはファンの方も見たいはずですよ。

立浪　そうならうれしいけど。まぁ、俺たちはオマケっていうことでいいよ(笑)。そんなわけで、各賞の選定はこれにて終わり。最後まで付き合ってくれてありがとう。また、球場で会ったときはよろしく！

井端　こちらこそ、ありがとうございました！　今後とも、ドラゴンズだけでなく、ジャイアンツもよろしくお願いします！

立浪和義・井端弘和が選ぶ「部門別」ベスト二遊間コンビ

歴代の二遊間「三賞」

攻守で貢献した
殊勲賞

正田耕三《セカンド》&野村謙二郎《ショート》［広島］

★次点 ロバート・ローズ《セカンド》&石井琢朗《ショート》［横浜］

堅実に頑張った
敢闘賞

荒木雅博《セカンド》&井端弘和《ショート》［中日］

★次点 小坂誠《セカンド》&酒井忠晴《ショート》［千葉ロッテ］

技術に優れた
技能賞

篠塚利夫《セカンド》&川相昌弘《ショート》［巨人］

チーム・世代を超えた二遊間賞

夢の二遊間賞

菊池涼介《セカンド》［広島］**&今宮健太《ショート》**［福岡ソフトバンク］

★次点 菊池涼介《セカンド》［広島］&山下大輔《ショート》［大洋］

★次点 大石大二郎《セカンド》［近鉄］&今宮健太《ショート》［福岡ソフトバンク］

★次点 立浪和義《セカンド》［中日］&宮本慎也《ショート》［東京ヤクルト］

各部門で、個性あふれるハイレベルなコンビが選出された。もちろん、ほかにも優れた二遊間はいるはず。読者の方々も、自分なりのベスト二遊間コンビを考えてみては、いかがだろうか。

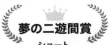

おわりに

近年、野球人口が減少していると言われる。

地上波でのプロ野球中継も減り、私が若いころと比べると、野球を取り巻く環境は確実に変わってきた。1992年のJリーグ創設以来、地道《じみち》に競技人口を増やしてきたサッカー、錦織圭《にしこりけい》選手が活躍を見せるテニスや、ワールドカップで大躍進を遂《と》げたラグビーなど、野球以外のスポーツに魅力を感じる子どもたちが増えている。

このような時代の中、元プロ野球選手、そして解説者・立浪和義としてできることは、なにか——。それは、1人でも多くの人たちに、野球の魅力や面白さを伝えていくことだと思っている。プロの世界で生き抜いてきた私だからこそできることが、必ずあるはずだ。

本書『二遊間の極意』では、「二遊間の守備はこんなにも奥深くて面白い」という思いを込めて、技術論や考え方を語らせていただいた。打者の特徴によって変わるポジショニング、0コンマ何秒でも速く投げるための握り替え、安定した送球を生み出すためのフットワークなど、1つのアウトを取るために、プロのプレーヤーは細かな技術を磨いている。

とくに、二遊間はダブルプレーやカットプレーに加わる機会が多く、本文で紹介した「アライバ」のような「あうんの呼吸」が求められるポジションだ。二塁ベースの踏み方ひとつ取っても、打球を処理した野手の状況や、肩の強さ、送球のクセなどを瞬時に判断し、適した踏み方を選択しているのだ。

このような守備の奥深さがわかってくると、これまでとはまた違った野球の面白さにきっと気づけるはずだ。遠くに飛ばすホームランや、力勝負を挑むピッチングも確かに格好いいが、野球の醍醐味《だいごみ》はそれだけではないだろう。本書を読み終えたあと、「二遊間のコンビプレーを見てみたい！」と1人でも多くの方が球場に足を運ぶようになってくれたら、これ以上うれしいことはない。

また、私は解説業のほかに、様々な形での野球指導にも携《たずさ》わっている。アマチュア野球、少年野球に励《はげ》んでいる選手たち、草野球を楽しんでいる方々に、「自分も華麗にダブルプレーを取ってみたい。できそうだ！」と思ってもらえたなら、これも望外の喜びだ。

最後になるが、本書の制作にあたり、多くの方々のご協力をいただいた。忙しい中、対談のために時間を作ってくれた菊池涼介選手、今宮健太選手、井端弘和コーチはじめ、廣済堂出版と関係スタッフの方々、そしてここまでお付き合いいただいた読者のみなさまに感謝を申し上げたい。ありがとうございました。

2016年6月

立浪和義

遊撃手		二塁手		年度
ベストナイン	ゴールデングラブ賞	ベストナイン	ゴールデングラブ賞	
三村敏之(広島)①	バート(中日)①	シピン(大洋)①	シピン(大洋)①	1972
藤田平(阪神)⑤	藤田平(阪神)①	シピン(大洋)②	シピン(大洋)②	1973
藤田平(阪神)⑥	河埜和正(巨人)①	高木守道(中日)⑥	高木守道(中日)①	1974
三村敏之(広島)②	藤田平(阪神)②	大下剛史(広島)①	大下剛史(広島)①	1975
三村敏之(広島)③	山下大輔(大洋)①	ジョンソン(巨人)①	ジョンソン(巨人)①	1976
河埜和正(巨人)①	山下大輔(大洋)②	高木守道(中日)⑦	高木守道(中日)②	1977
高橋慶彦(広島)①	山下大輔(大洋)③	ヒルトン(ヤクルト)①	土井正三(巨人)①	1978
高橋慶彦(広島)②	山下大輔(大洋)④	ミヤーン(大洋)①	高木守道(中日)③	1979
高橋慶彦(広島)③	山下大輔(大洋)⑤	基満男(大洋)①	基満男(大洋)①	1980
山下大輔(大洋)①	山下大輔(大洋)⑥	篠塚利夫(巨人)①	篠塚利夫(巨人)①	1981
宇野勝(中日)①	山下大輔(大洋)⑦	篠塚利夫(巨人)②	篠塚利夫(巨人)②	1982
高橋慶彦(広島)④	山下大輔(大洋)⑧	真弓明信(阪神)①	高木豊(大洋)①	1983
宇野勝(中日)②	平田勝男(阪神)①	篠塚利夫(巨人)③	篠塚利夫(巨人)③	1984
高木豊(大洋)①	平田勝男(阪神)②	岡田彰布(阪神)①	岡田彰布(阪神)①	1985
高橋慶彦(広島)⑤	平田勝男(阪神)③	篠塚利夫(巨人)④	篠塚利夫(巨人)④	1986
宇野勝(中日)③	平田勝男(阪神)④	篠塚利夫(巨人)⑤	正田耕三(広島)①	1987
池山隆寛(ヤクルト)①	立浪和義(中日)①	正田耕三(広島)①	正田耕三(広島)②	1988
池山隆寛(ヤクルト)②	川相昌弘(巨人)①	正田耕三(広島)②	正田耕三(広島)③	1989
池山隆寛(ヤクルト)③	川相昌弘(巨人)②	高木豊(大洋)①	正田耕三(広島)④	1990
野村謙二郎(広島)①	川相昌弘(巨人)③	高木豊(大洋)②	正田耕三(広島)⑤	1991
池山隆寛(ヤクルト)④	池山隆寛(ヤクルト)①	和田豊(阪神)①	和田豊(阪神)①	1992
池山隆寛(ヤクルト)⑤	川相昌弘(巨人)④	ローズ(横浜)①	和田豊(阪神)②	1993
川相昌弘(巨人)①	川相昌弘(巨人)⑤	和田豊(阪神)②	和田豊(阪神)③	1994
野村謙二郎(広島)②	野村謙二郎(広島)①	ローズ(横浜)②	立浪和義(中日)①	1995
野村謙二郎(広島)③	川相昌弘(巨人)⑥	立浪和義(中日)①	立浪和義(中日)②	1996
石井琢朗(横浜)①	宮本慎也(ヤクルト)①	ローズ(横浜)③	立浪和義(中日)③	1997
石井琢朗(横浜)②	石井琢朗(横浜)①	ローズ(横浜)④	ローズ(横浜)①	1998
石井琢朗(横浜)③	宮本慎也(ヤクルト)②	ローズ(横浜)⑤	仁志敏久(巨人)①	1999
石井琢朗(横浜)④	宮本慎也(ヤクルト)③	ローズ(横浜)⑥	仁志敏久(巨人)②	2000
石井琢朗(横浜)⑤	宮本慎也(ヤクルト)④	ディアス(広島)①	仁志敏久(巨人)③	2001
井端弘和(中日)①	宮本慎也(ヤクルト)⑤	今岡誠(阪神)①	仁志敏久(巨人)④	2002
二岡智宏(巨人)①	宮本慎也(ヤクルト)⑥	今岡誠(阪神)②	今岡誠(阪神)①	2003
井端弘和(中日)②	井端弘和(中日)①	荒木雅博(中日)① ラロッカ(広島)①	荒木雅博(中日)①	2004
井端弘和(中日)③	井端弘和(中日)②	荒木雅博(中日)②	荒木雅博(中日)②	2005
井端弘和(中日)④	井端弘和(中日)③	荒木雅博(中日)③	荒木雅博(中日)③	2006
井端弘和(中日)⑤	井端弘和(中日)④	田中浩康(ヤクルト)①	荒木雅博(中日)④	2007
鳥谷敬(阪神)①	井端弘和(中日)⑤	東出輝裕(広島)①	荒木雅博(中日)⑤	2008
坂本勇人(巨人)①	井端弘和(中日)⑥	東出輝裕(広島)②	荒木雅博(中日)⑥	2009
鳥谷敬(阪神)②	梵英心(広島)①	平野恵一(阪神)①	平野恵一(阪神)①	2010
鳥谷敬(阪神)③	鳥谷敬(阪神)①	平野恵一(阪神)②	平野恵一(阪神)②	2011
坂本勇人(巨人)②	井端弘和(中日)⑦	田中浩康(ヤクルト)②	田中浩康(ヤクルト)①	2012
鳥谷敬(阪神)④	鳥谷敬(阪神)②	西岡剛(阪神)①	菊池涼介(広島)①	2013
鳥谷敬(阪神)⑤	鳥谷敬(阪神)③	山田哲人(ヤクルト)①	菊池涼介(広島)②	2014
鳥谷敬(阪神)⑥	鳥谷敬(阪神)④	山田哲人(ヤクルト)②	菊池涼介(広島)③	2015

*○囲みの数字は同一リーグ・同一ポジションでの受賞回数。1972～85年のゴールデングラブ賞は「ダイヤモンドグラブ賞」の名称。ベストナインは1972年以降の受賞者のみ掲載

パ・リーグ 二遊間部門 ゴールデングラブ賞&ベストナイン歴代受賞者一覧

遊撃手		二塁手		年度
ベストナイン	ゴールデングラブ賞	ベストナイン	ゴールデングラブ賞	
大橋 穣(阪急)①	大橋 穣(阪急)①	基 満男(西鉄)①	大下剛史(東映)①	1972
大橋 穣(阪急)②	大橋 穣(阪急)②	桜井輝秀(南海)①	桜井輝秀(南海)①	1973
大橋 穣(阪急)③	大橋 穣(阪急)③	山崎裕之(ロッテ)④	桜井輝秀(南海)②	1974
大橋 穣(阪急)④	大橋 穣(阪急)④	マルカーノ(阪急)①	マルカーノ(阪急)①	1975
大橋 穣(阪急)⑤	大橋 穣(阪急)⑤	吉岡 悟(太平洋)①	マルカーノ(阪急)②	1976
石渡 茂(近鉄)①	大橋 穣(阪急)⑥	マルカーノ(阪急)②	山崎裕之(ロッテ)①	1977
真弓明信(クラウン)①	大橋 穣(阪急)⑦	マルカーノ(阪急)③	マルカーノ(阪急)③	1978
石渡 茂(近鉄)②	高代延博(日本ハム)①	マルカーノ(阪急)④	マルカーノ(阪急)④	1979
高代延博(日本ハム)①	水上善雄(ロッテ)①	山崎裕之(西武)⑤	山崎裕之(西武)②	1980
石毛宏典(西武)①	石毛宏典(西武)①	落合博満(ロッテ)①	山崎裕之(西武)③	1981
石毛宏典(西武)②	石毛宏典(西武)②	落合博満(ロッテ)②	大石大二郎(近鉄)①	1982
石毛宏典(西武)③	石毛宏典(西武)③	大石大二郎(近鉄)①	大石大二郎(近鉄)②	1983
弓岡敬二郎(阪急)①	弓岡敬二郎(阪急)①	大石大二郎(近鉄)②	大石大二郎(近鉄)③	1984
石毛宏典(西武)④	石毛宏典(西武)④	西村徳文(ロッテ)①	西村徳文(ロッテ)①	1985
石毛宏典(西武)⑤	石毛宏典(西武)⑤	辻 発彦(西武)①	辻 発彦(西武)①	1986
水上善雄(ロッテ)①	弓岡敬二郎(阪急)②	白井一幸(日本ハム)①	白井一幸(日本ハム)①	1987
田中幸雄(日本ハム)①	田中幸雄(日本ハム)①	福良淳一(阪急)①	辻 発彦(西武)②	1988
田辺徳雄(西武)①	田辺徳雄(西武)①	辻 発彦(西武)②	辻 発彦(西武)③	1989
田中幸雄(日本ハム)②	田中幸雄(日本ハム)②	大石第二朗※(近鉄)③	辻 発彦(西武)④	1990
小川博文(ロッテ)①	田中幸雄(日本ハム)③	辻 発彦(西武)③	辻 発彦(西武)⑤	1991
田辺徳雄(西武)②	田辺徳雄(西武)②	辻 発彦(西武)④	辻 発彦(西武)⑥	1992
広瀬哲朗(日本ハム)①	広瀬哲朗(日本ハム)①	辻 発彦(西武)⑤	辻 発彦(西武)⑦	1993
広瀬哲朗(日本ハム)②	広瀬哲朗(日本ハム)②	福良淳一(オリックス)②	辻 発彦(西武)⑧	1994
田中幸雄(日本ハム)③	田中幸雄(日本ハム)④	小久保裕紀(ダイエー)①	小久保裕紀(ダイエー)①	1995
田中幸雄(日本ハム)④	田中幸雄(日本ハム)⑤	大島公一(オリックス)①	大島公一(オリックス)①	1996
松井稼頭央(西武)①	松井稼頭央(西武)①	小久保裕紀(ダイエー)②	大島公一(オリックス)②	1997
松井稼頭央(西武)②	松井稼頭央(西武)②	フランコ(ロッテ)①	金子 誠(日本ハム)①	1998
松井稼頭央(西武)③	小坂 誠(ロッテ)①	金子 誠(日本ハム)①	金子 誠(日本ハム)②	1999
松井稼頭央(西武)④	小坂 誠(ロッテ)②	大島公一(オリックス)②	大島公一(オリックス)③	2000
松井稼頭央(西武)⑤	小坂 誠(ロッテ)③	井口資仁(日本ハム)①	井口資仁(ダイエー)①	2001
松井稼頭央(西武)⑥	松井稼頭央(西武)③	高木浩之(西武)①	高木浩之(西武)①	2002
松井稼頭央(西武)⑦	松井稼頭央(西武)④	井口資仁(ダイエー)②	井口資仁(ダイエー)②	2003
川崎宗則(ダイエー)①	川崎宗則(ダイエー)①	井口資仁(ダイエー)③	井口資仁(ダイエー)③	2004
西岡 剛(ロッテ)①	小坂 誠(ロッテ)④	堀 幸一(ロッテ)①	西岡 剛(ロッテ)①	2005
川崎宗則(ソフトバンク)②	川崎宗則(ソフトバンク)②	田中賢介(日本ハム)①	田中賢介(日本ハム)①	2006
TSUYOSHI※(ロッテ)②	TSUYOSHI※(ロッテ)①	田中賢介(日本ハム)②	田中賢介(日本ハム)②	2007
中島裕之(西武)①	中島裕之(西武)①	片岡易之(西武)①	田中賢介(日本ハム)③	2008
中島裕之(西武)②	金子 誠(日本ハム)①	田中賢介(日本ハム)③	田中賢介(日本ハム)④	2009
西岡 剛(ロッテ)③	西岡 剛(ロッテ)②	田中賢介(日本ハム)④	田中賢介(日本ハム)⑤	2010
中島裕之(西武)③	中島裕之(西武)②	本多雄一(ソフトバンク)①	本多雄一(ソフトバンク)①	2011
中島裕之(西武)④	中島裕之(西武)③	田中賢介(日本ハム)⑤	本多雄一(ソフトバンク)②	2012
鈴木大地(ロッテ)①	今宮健太(ソフトバンク)①	藤田一也(楽天)①	藤田一也(楽天)①	2013
今宮健太(ソフトバンク)①	今宮健太(ソフトバンク)②	藤田一也(楽天)②	藤田一也(楽天)②	2014
中島卓也(日本ハム)①	今宮健太(ソフトバンク)③	田中賢介(日本ハム)⑥	クルーズ(ロッテ)①	2015

※大石第二朗=大石大二郎、TSUYOSHI=西岡 剛

[著者プロフィール]

立浪和義　Kazuyoshi Tatsunami

1969年8月19日生まれ、大阪府摂津《せっつ》市出身。PL学園高校－中日ドラゴンズ(88〜2009年)。小学4年生から「茨木ナニワボーイズ」で野球を始める。87年、PL学園の主将として甲子園春夏連覇を果たす。同年オフのドラフトで中日に1位で指名され、入団。背番号3。88年、開幕戦から2番ショートでフルイニング出場。華々しいデビューを飾る。その年のチームのリーグ優勝に貢献し、新人王(高卒1年目の受賞はセ・リーグの野手初)とゴールデングラブ賞(高卒新人としては初)を受賞。以降も、セカンドでの連続無失策712回というセ・リーグ記録(当時)を樹立するなど、巧打や好守で活躍。中心選手としてチームを引っ張り、03年7月5日対巨人戦(東京ドーム)で通算2000本安打を達成。07年オフより打撃コーチを兼任したのち、09年に惜しまれつつ引退。通算成績は、2586試合出場、打率.285、2480安打、171本塁打、1037打点。487二塁打は、現在も日本プロ野球記録として残っている。ベストナイン2回(96、04年)、ゴールデングラブ賞5回(88年ショート、95〜97年セカンド、03年サード。3ポジションでの受賞は史上最多)。引退後は解説者の道に進み、さわやかな語り口と理論的な分析で、好評を得ている。13年、第3回WBC(ワールド・ベースボール・クラシック)日本代表に、打撃コーチとして参加。著書に『攻撃的守備の極意 ポジション別の鉄則&打撃にも生きるヒント』『長打力を高める極意 強く飛ばすプロの技術&投手・球種別の攻略法』(ともに、廣済堂出版刊)などがある。

[対談パートナー プロフィール]

井端弘和　Hirokazu Ibata

1975年5月12日生まれ、神奈川県川崎市出身。堀越高校－亜細亜《あじあ》大学－中日(98〜2013年)－巨人(14〜15年)。97年オフのドラフトで中日から5位指名を受け、入団。プロ4年目の01年に全試合出場を果たして、ショートのレギュラーに定着。ベストナイン5回(02年、04〜07年)、ゴールデングラブ賞7回(04〜09年、12年)。10年以降は、セカンドやファーストを守ることもあった。守備のスペシャリストとしてはもちろん、13年第3回WBCのチャイニーズタイペイ(台湾)戦での9回二死からの同点打など、勝負強い打撃も高く評価されていたが、15年シーズンをもって17年間の選手生活を終えた。通算成績は1896試合出場、打率.281、1912安打、56本塁打、410打点。16年からは巨人内野守備・走塁コーチに就任。

菊池涼介　Ryosuke Kikuchi

1990年3月11日生まれ、東京都東大和《ひがしやまと》市出身。武蔵工業大学第二高校－中京学院大学－広島(2012年〜)。11年オフのドラフトで広島から2位指名を受け、入団。ルーキーイヤーの12年夏から、早くもセカンドのレギュラーとなる。13年、528補殺の日本プロ野球記録を樹立。二塁手としては、セ・リーグ史上最年少(23歳7か月)で、ゴールデングラブ賞を受賞した(以降、15年まで3年連続で受賞)。14年には、自らが持つ補殺の日本プロ野球記録を、535にまで更新。「超人的」とまで言われる守備能力の高さで、14年秋の日米野球での好捕は、メジャーリーグ公式サイトのトップページでも紹介された。守備にとどまらず、俊足や好判断を生かした走塁や、巧打、正確な犠打などでも、チームを牽引《けんいん》している。

今宮健太　Kenta Imamiya

1991年7月15日生まれ、大分県別府市出身。明豊《めいほう》高校－福岡ソフトバンク(2010年〜)。明豊高校では、2年春、3年春、夏と甲子園に出場。ショートやサードと兼任し、ピッチャーとしてマウンドにも上がった。09年オフのドラフトで福岡ソフトバンクから1位指名を受け、入団。プロ入り2年目の11年に、チーム21年ぶりとなる十代での開幕一軍入りを果たす。13年から二番ショートのレギュラーを獲得。刺殺、補殺、併殺でいずれもリーグ最高の記録を残す。以降、ゴールデングラブ賞3回(13〜15年)、ベストナイン1回(14年)。投手経験も納得の強肩で、スローイングにも定評がある。また、打者としても、16年6月2日、史上最年少(24歳10か月)で通算200犠打を記録。「黄金期」とも呼ばれるチームに欠かせぬ存在となっている。

MASTERS METHOD

二遊間の極意

コンビプレー・併殺の技&他選手・攻撃との関係性

2016年7月15日　第1版第1刷

著者	立浪和義
協力	株式会社 T-WAVE
対談協力	井端弘和　株式会社 読売巨人軍 菊池涼介　株式会社 広島東洋カープ 今宮健太　福岡ソフトバンクホークス 株式会社
企画・プロデュース	寺崎敦(株式会社 no.1)
構成	大利実
撮影	石川耕三(私服・対談写真)
写真協力	産経新聞社(ユニフォーム写真) スポーツニッポン新聞社(P28、P219)
装丁・本文デザイン	有限会社 デザインコンプレックス
デザイン協力	二宮貴子(ジャムスッカ)
DTP	株式会社 三協美術
撮影協力	帝国ホテル
編集協力	長岡伸治(株式会社 プリンシパル)　浅野博久(株式会社 ギグ) 矢部純一　根本明　松本恵
編集	岩崎隆宏(廣済堂出版)
発行者	後藤高志
発行所	株式会社 廣済堂出版 〒104-0061 東京都中央区銀座3-7-6 電 話　編集 03-6703-0964/販売 03-6703-0962 FAX　販売 03-6703-0963 振 替　00180-0-164137 URL　http://www.kosaido-pub.co.jp
印刷所・製本所	株式会社 廣済堂

ISBN978-4-331-52036-9 C0075

廣済堂出版の野球関連書籍　好評既刊

プロフェッショナルバイブル シリーズ

コントロールする力

心と技の精度
アップバイブル

杉内俊哉 著

精神力とスキルを
高める新思考法。

廣済堂新書

待つ心、瞬間の力

阪神の「代打の神様」
だけが知る勝負の境目

桧山進次郎 著

重要場面で能力を
発揮するには?

マスターズメソッド シリーズ

攻撃的守備の極意

ポジション別の鉄則&
打撃にも生きるヒント

立浪和義 著

史上最多3ポジションでゴールデングラブ賞を獲得した著者が語るスーパー守備理論。宮本慎也との守備対談も大収録。「攻撃的守備」を知れば、野球の見方・プレーが劇的に変わる!!

長打力を高める極意

強く飛ばすプロの技術&
投手・球種別の攻略法

立浪和義 著

日本歴代最多の二塁打記録を持つ著者が放つ、史上初の長打論。強打者たちの技を公開。現巨人監督・高橋由伸との長打対談も収録。観戦にも、飛距離アップなど実用にも役立つ!!

メッセージBOOK シリーズ

矢野謙次
メッセージBOOK
—自分を超える—

矢野謙次 著

「正しい努力」をすれば、
へたでも進化できる!

山口鉄也
メッセージBOOK
—鋼《はがね》の心—

山口鉄也 著

鉄から鋼《はがね》へ、
成長の裏側。

長野久義
メッセージBOOK
—信じる力—

長野久義 著

思いを貫く
野球人生の哲学。

菊池涼介 丸佳浩
メッセージBOOK　コンビスペシャル
—キクマル魂《だましい》—

菊池涼介　丸佳浩 著

2人のコンビプレー&
情熱の力は無限大!

大瀬良大地
メッセージBOOK
—大地を拓《ひら》く—

大瀬良大地 著

たとえ困難な道でも、
自らの可能性を開拓!

陽岱鋼
メッセージBOOK
—陽思考—

陽岱鋼 著

「陽流プラス思考」の
すべてを公開。

西川遥輝
メッセージBOOK
—ONE OF A KIND—
唯一無二の存在

西川遥輝 著

誰とも似ていない
「自分」を目指して。

中島卓也
メッセージBOOK
—思いは届く—

中島卓也 著

頑張れば人は見ていて
チャンスが広がる!

伊藤光
メッセージBOOK
—クールに熱く—

伊藤光 著

冷静な頭脳で、
勝負に燃える!

森福允彦
メッセージBOOK
—気持ちで勝つ!—

森福允彦 著

ピンチに打ち勝つ
強さの秘密。

松田宣浩
メッセージBOOK
—マッチアップ—

松田宣浩 著

理想・苦難と向き合い、
マッチアップした軌跡。

平田良介
メッセージBOOK
—自然体主義—

平田良介 著

「自分らしさ」が
「勝負強さ」を生む、

小川泰弘
メッセージBOOK
—ライアン流—

小川泰弘 著

学んだフォーム&
独自のスタイル。